E. MARCHAL (O. I. ○)

Les Aventures

d'un Messin

*

LE BLOCUS DE METZ

BELFORT
IMPRIMERIE NOUVELLE
Rue Gambetta

1903

LES AVENTURES

D'UN MESSIN

LE BLOCUS DE METZ

E. MARCHAL (O.I. ọ)

Les Aventures

d'un Messin

*

LE BLOCUS DE METZ

BELFORT
IMPRIMERIE NOUVELLE
Rue Gambetta

1903

E. MARCHAL (O. I. ◌)

Les Aventures
d'un Messin

* * *

LE BLOCUS DE METZ

BELFORT
IMPRIMERIE NOUVELLE
Rue Gambetta

1903

AVENTURES d'un MESSIN

Le Blocus de Metz

I

Avant la guerre, Metz, malgré son aspect un
peu farouche et rébarbatif de grande forteresse,
était, si l'on s'en rapporte au jugement impartial
des étrangers, le plus agréable des séjours, la
ville dont on ne pouvait plus se passer.

« J'ai eu le cœur serré, me disait la femme
d'un commandant, et j'ai failli pleurer quand,

arrivant de Tours, j'ai pénétré, pour la première fois, dans vos ruelles sombres, étroites, bordées de maisons hautes et platement uniformes ; mais j'ai sangloté quand j'ai été forcée de quitter une population si hospitalière, si aimable, si aimante ».

Une malicieuse bonhomie, une gaieté pleine de rondeur ; une bienveillante causticité qui désarmait toujours, qui ne blessait jamais ; une loyauté et une franchise éprouvées, une sensibilité profonde et solide, des manières que les gens prétentieux trouvaient communes tant elles étaient simples : telles étaient les qualités qui distinguaient les Messins, qui rassuraient et gagnaient les immigrés, au point que bientôt bon nombre d'entre eux ne songeaient plus qu'au moyen de reculer un changement et un départ envisagés désormais avec effroi, et que quelques-uns même, arrivés à l'âge de la retraite, finissaient par renoncer au projet de regagner leur pays natal et n'avaient plus d'autre désir que de finir leurs jours dans leur patrie d'adoption.

C'est qu'aussi la vie était si facile et si heureuse dans la vieille cité de la Moselle. Pour les gens positifs et les gourmets, c'étaient des jouissances et des ressources de toute sorte : légumes tendres et savoureux, fruits succulents et parfumés, poissons de première qualité en abondance, vins de coteaux renommés, friandises délicates.

Chaque saison ramenait des plaisirs ardemment goûtés. En hiver, un théâtre excellent attirait trois fois par semaine de nombreux amateurs ; les soirées, les concerts, les bals se succédaient sans interruption. En été, c'étaient les fêtes des villages blancs et proprets, où venaient sans façon danser les dames et les demoiselles les plus huppées ; la pêche à la ligne, toujours fructueuse ; les baignades dans la rivière, qui roule lentement ses eaux limpides sur le gravier fin ou sur les galets polis ; les dinettes dans les jardinets gais et fleuris, orgueil de leurs propriétaires ; les fritures de la mère Francis ; les matelotes, chefs-d'œuvre dé Mauler ; les parties de canot ; les promenades sous les platanes et et les marronniers de l'Esplanade, autour du kiosque où jouait la musique du génie.

Les militaires, notamment, menaient une vie délicieuse. Ceux que la loi rigoureuse d'un roulement régulier arrachait à la garnison de Strasbourg se consolaient quand ils voyaient se dresser dans le lointain la flèche dentelée de la cathédrale de Metz. Ils savaient qu'une ville tout entière leur tendait ses bras. A peine arrivés, ils étaient considérés comme de vieux compatriotes ; tous les foyers leur étaient ouverts. On eût dit des amis ou des parents qui revenaient après une longue absence. Que d'officiers ont épousé de jeunes Messines, affolées de l'uniforme !

De leur côté, ils faisaient tout leur possible pour témoigner leur reconnaissance et pour plaire à ceux qui les accueillaient avec tant d'abandon et de sympathie. Ils multipliaient les divertissements. C'était le tir de nuit, fête plutôt qu'exercice de l'artillerie. Le génie offrait le spectacle des travaux et des incidents d'un siège à des invités de choix. Les élèves de l'Ecole d'Application, ces aimables fous, ces brillants écervelés, qui répandaient la vie et le tumulte dans un quartier paisible et austère, qui effarouchaient de leurs rires et de leurs chansons leurs voisins graves et gourmés du Palais de Justice, organisaient une brillante et productive cavalcade. La petite guerre au Ban-Saint-Martin, les grandes revues entraînaient hors des murs les petits et les grands. Le feu d'artifice annuel, ouvrage de l'Ecole de Pyrotechnie, remplissait la plaine Chambière de fumée, de détonations, de pétarades, d'embrasements polychromes, et, par la splendeur du bouquet final, arrachait des Oh! et des Ah! d'admiration aux bouches béantes d'une foule extasiée.

Toutefois, on se tromperait beaucoup, si l'on concluait que les Messins étaient foncièrement légers et frivoles. Ils savaient faire un départ exact et sage entre les divertissements nécessaires et les labeurs les plus sérieux. Avides des distractions et des plaisirs qui égayent la vie et nous renvoient plus dispos aux affaires, à l'étude et à la lutte, ils déployaient, dès que les circonstances l'exigeaient, un entrain, une énergie, une ténacité que l'observateur prévenu ou superficiel ne pouvait guère soupçonner. Peu de villes étalent une aussi longue suite d'illustrations en tout genre. Sans doute le génie positif et pratique des Messins les détournait de la poésie; mais il a produit des écrivains, des inventeurs, des mathématiciens, des hommes de guerre célèbres. Ce n'est pas une ville ordinaire que celle qui a été la mère des Ferry, des Naudé, des Ancillon, des Fabert, des Lacretelle, des Rœderer, des Pilatre des Rosiers, des Paixhans, des Lasalle, des Richepance, des Poncelet. Et même, il ne faut pas oublier que les arts y étaient cultivés avec goût et avec succès ; que des peintres comme Maréchal, des sculpteurs comme Hannaux, des dessinateurs comme Migette, des graveurs comme Boilvin, des musiciens comme Ambroise Thomas et Pierné, et tant d'autres sont des enfants de Metz.

II

C'est dans ce milieu que naquit en 1843 le
héros de cette histoire, Jean Revel. Il avait
douze ans, lorsque mourut son père, professeur
au lycée. Moins par goût que par soumission
aux dernières volontés du vieil universitaire, il
se prépara à l'Ecole Normale supérieure, où il
entra en 1861. Une fois licencié, il s'appliqua
presque exclusivement à la géographie, qu'il
avait toujours aimée avec enthousiasme.

En 1864, il perdit sa mère, qui, depuis son
malheur, avait mené une chetive existence.
Après avoir été reçu agrégé, possesseur d'une

petite fortune, il réussit à se faire donner un congé et partit pour explorer les sources de l'Amazone. Il séjourna deux ans dans l'Amérique du sud, revint en France, rédigea ses notes, fit à la Sorbonne, en présence d'un nombreux auditoire, une conférence remarquable, enfin publia un ouvrage qui lui valut un prix de l'Académie et que toute la presse couvrit d'éloges.

Son congé expiré, il fut nommé professeur au lycée de Nancy. Mais bientôt la passion des voyages le reprit, et il obtint, au mois de mai 1870, une mission pour étudier le pays, la langue et les mœurs des Tibbous, peuplade fort peu connue alors. Son projet était d'atteindre ensuite le lac Tschad.

Il avait eu soin, non seulement de lire tous les ouvrages relatifs à la région qu'il voulait visiter, mais encore d'acquérir les connaissances indispensables en médecine et en chirurgie. Il fit ses apprêts, se munit de vêtements appropriés et de cartes, sans oublier une pharmacie portative. Il se garda bien d'emporter des armes, de peur d'irriter les indigènes soupçonneux et féroces au milieu desquels il allait vivre. Enfin, le 20 mai, il s'embarqua à Marseille pour Tripoli où il arriva le 25.

Il s'adressa d'abord au consul de France, à qui il fit part de son dessein. Après avoir vainement essayé de le détourner d'une entreprise aussi périlleuse, le fonctionnaire se mit à sa disposition avec la plus grande obligeance. Ce petit homme sec, froid, taciturne, avec son visage maigre et osseux, ses yeux vifs qui brillaient sous d'épais sourcils, lui inspirait à la fois de l'intérêt, de l'admiration, de la pitié et du respect. Il lui trouva deux Chambas qui savaient quelque peu parler français et qui avaient la réputation de gens sûrs et déterminés.

Revel leur exposa brièvement ce qu'il attendait d'eux et leur demanda leurs conditions. Ils ne parurent effrayés ni par la longueur ni par les difficultés du trajet : pour la somme de deux cents francs chacun, ils s'engagèrent à le conduire jusqu'à soixante kilomètres environ de l'oasis de Kufra. Là, ils devaient le quitter et le laisser seul continuer sa route.

Le traité conclu, Revel apprit d'eux leur dialecte, ou, du moins, ce qui lui était indispensable pour se tirer d'affaire, et, au bout de trois semaines, il avait fait des progrès tels qu'il était en état de soutenir une conversation suivie.

Il acheta une tente, des vivres, un chameau pour porter le bagage. Il se procura la monnaie nécessaire. Il eut soin de cacher dix billets de mille francs dans une poche intérieure de sa chemise de laine. Enfin, le trente du mois de juin, il se mit en route avec ses deux guides.

Ils traversèrent d'abord un pays légèrement ondulé et arrivèrent à Misda, où ils se reposèrent vingt-quatre heures. Ils atteignirent ensuite Sokna, traversant quelques oueds desséchés et rencontrant par ci par là des nomades, qui, pour de l'argent, leur permettaient de coucher sous la tente et leur fournissaient des vivres.

A Sella, Revel eut à opter entre deux routes, toutes deux brisées à angle droit. La première se dirigeait vers le sud, par Temissa et Wau ; mais là, il se trouverait à l'entrée d'une région vaste, inhabitée, probablement sans eau. La deuxième s'enfonçait dans l'est jusqu'à Andjila, nœud des chemins suivis par les caravanes de Mourzouk, ou par celles qui circulaient entre Bengasi dans le pays de Barka, l'Egypte et l'oasis de Kufra, centre des Tibbous, qu'elles traversaient même pour pénétrer jusqu'au Soudan.

Revel choisit la dernière. Ses guides l'accompagnèrent quelque temps encore ; mais, à trois journées de marche de Taiserbo, suivant les conventions, ils se séparèrent du voyageur et se joignirent à des marchands qui retournaient au nord. En le quittant, ils ne purent s'empêcher de verser des larmes : ils lui exprimèrent leurs appréhensions et ils le pressèrent de renoncer à son dessein. En effet, les dangers véritables allaient seulement commencer pour Revel : il approchait du domaine d'un peuple pillard, défiant, insociable et cruel, redouté des Africains même, à plus forte raison redoutable pour un Européen.

Resté seul, sans faiblir, sans tourner la tête, il continua résolument sa marche, poussant devant lui le chameau qui portait le bagage.

III

Le lendemain, vers le soir, il vit accourir, du fond du désert, une vingtaine de cavaliers qui poussaient des clameurs et brandissaient des fusils, des sabres ou des lances. Il s'arrêta et attendit, impassible. Bientôt les Tibbous furent sur lui : ils le saisirent, le garrottèrent, et, avec force coups, l'emmenèrent jusqu'à une sorte de camp qui se distinguait au loin.

A son arrivée, il fut entouré d'une foule gesticulante d'hommes, de femmes et d'enfants, qui hurlaient, piaillaient, l'injuriaient et le menaçaient. On le conduisit au chef. C'était un noir de haute taille, robuste, au regard fin et pénétrant. D'une voix dure, il interrogea le prisonnier: il lui demanda qui il était, quelle était sa nation, d'où il venait, quel était le but de son voyage. Revel comprit aisément toutes ces questions, et il s'efforça d'y répondre le plus clairement possible ; mais il fut évident que le Tibbou ne saisit pas bien les motifs qui amenaient un étranger, un blanc dans un pays si éloigné : il crut que Revel cherchait à le tromper et dissimulait ses véritables intentions. Il prit un air terrible et fut sur le point de lui faire trancher la tête. Cependant il se ravisa. Il fouilla lui-même son captif, fit étaler devant lui tous ses bagages et examina minutieusement chaque objet. Cette visite sembla le rassurer et le calmer. Il donna néanmoins l'ordre d'enfermer l'Européen dans une petite hutte et de le garder à vue.

D'abord notre voyageur se réjouit d'avoir conservé la vie ; non pas qu'il eût peur de la mort, il l'aurait reçue sans sourciller ; mais c'était tout un avenir de labeurs, d'études et de découvertes qu'il craignait de perdre. Il se félicita aussi que ses valeurs eussent échappé aux investigations de ses ennemis ; en effet, c'était le salut, sa suprême ressource en cas d'évasion. On lui avait confisqué tout le reste, ainsi que quelques pièces d'or, qu'il avait feint de cacher pour faire croire que c'était son unique fortune et pour arrêter toutes les recherches.

Le lendemain, Mokhrani (c'était le chef) vint le voir. Comme il était intelligent, il avait bientôt démêlé que l'étranger était inoffensif. Revel s'enhardit jusqu'à réclamer ses carnets, son album et ses crayons. Après avoir hésité, Mokhrani consentit à les lui rendre, curieux de connaître l'usage que son prisonnier voulait en faire. Celui-ci, pour gagner ses bonnes grâces et lui donner un échantillon de son talent, dessina un de ses gardiens et présenta son œuvre au chef, qui parut frappé de surprise et d'admiration. Il exigea son propre portrait. Revel s'exécuta avec empressement. Mokhrani fut flatté de sa ressemblance et de sa fière mine, et il partit en jetant un merci bref.

Pourtant notre pauvre Messin resta toujours soumis à une étroite surveillance. On l'avait débarrassé de ses liens, mais il lui était interdit de s'éloigner de son habitation. Il profita, du reste, de sa captivité pour observer, pour faire une ample provision de notes et de croquis, et pour apprendre à fond la langue du pays. Le voyant si paisible et si résigné, on avait fini par s'accoutumer à lui et par lui témoigner presque de la bienveillance. Ce qui contribua à le faire respecter, c'est que le chef daignait assez souvent venir causer avec lui et l'inter roger sur cette Europe qu'il ne connaissait pas. Doué d'un esprit très ouvert, il s'intéressait vivement à tout ce qu'il entendait.

Il y avait déjà un an que Revel vivait au milieu des Tibboue, lorsque deux événements le rendirent tout à fait populaire. Un marmot de sept ans, qui venait souvent le visiter et qui l'amusait par son babil et ses manières câlines. fut subitement en proie à une fièvre intense. La mère, affolée, supplia le savant de le guérir. Revel, ému, lui dit : « Si le chef consent à me rendre ce qu'il m'a pris, je te promets de guérir ton fils ». Mokhrani se laissa fléchir. Une fois en possession de son bien, Revel administra quelques doses de sulfate de quinine au petit malade, qui fut rapidement rétabli. La mère, transportée de joie, s'agenouilla devant le sauveur de son enfant, comme devant un dieu, et lui baisa les pieds. Quant au père, guerrier farouche, il jura une éternelle reconnaissance à celui que, la veille, il haïssait encore.

Une nuit, le chef revint blessé d'une expédition contre une tribu voisine : un coup de lance lui avait profondément déchiré le bras. Revel, appelé en toute hâte, lava la plaie avec de l'eau mêlée d'arnica, la recouvrit de charpie et enveloppa le membre avec des bandes. Mokhrani, soulagé, s'endormit. Deux fois par jour, le chirurgien improvisé pansait son auguste client, qui fut bientôt guéri.

Dès ce jour, Revel fut laissé libre dans l'intérieur du camp. C'était à qui sourirait, tendrait la main au médecin habile, à l'ami du chef. On lui donna des vêtements ; on lui construisit une espèce de gourbi spacieux et assez confortable. Même Mokhrani l'emmena à la chasse avec lui ; il alla jusqu'à lui faire présent d'un de ses fusils et d'un méhari.

Et pendant ce temps, l'album et les carnets se remplissaient.

— Te plais tu enfin avec nous ? lui dit un jour brusquement le chef.

— Sans doute.

— Ainsi, tu ne regrettes pas ton pays ?

— Pas trop pour le moment, non.

— Qui t'empêche de demeurer ici et de devenir définitivement un vrai Tibbou ?

La question était embarrassante : Revel répondit évasivement.

— Si je n'avais ni famille ni amis, si des intérêts ne me rappelaient pas en France, certes je ne songerais pas à te quitter.

— Encore faudra-t-il que je t'en donne la permission, repartit l'autre d'un ton moitié badin, moitié sérieux.

— Je te l'affirme, actuellement, je n'ai nulle envie de partir. Si, plus tard, tu me rends la liberté......

— Le moment n'est pas encore venu ; tu m'es trop nécessaire. Je t'aime ; mais si tu tentais de t'évader, je te le jure, je ne verrais plus en toi qu'un ennemi.

Désormais, pour ne pas exciter les soupçons, Revel évita avec soin toute allusion à son départ ; il affecta au contraire de paraître satisfait de son sort, si bien qu'on le considéra comme un frère et qu'il eut l'honneur de prendre part à quelques expéditions contre les brigands du voisinage. Son sang-froid et son courage émerveillèrent les Tibbous eux-mêmes, dont il devint l'idole. D'ailleurs il continuait à mettre ses talents à leur service : il soigna avec succès plus d'un malade, remit sur pied plus d'un éclopé, cicatrisa maintes plaies et réduisit nombre de fractures.

Au mois de mai 1874, comme il n'avait plus rien à apprendre, il songea sérieusement à s'en aller. Il s'ouvrit, non sans anxiété, de son dessein à Ali, le père de l'enfant qu'il avait sauvé. A sa grande joie, celui-ci, sans hésitation, s'engagea à favoriser sa fuite.

— Tu as rendu la santé à mon fils, lui dit-il ; je t'obéirai, dussé-je risquer ma vie.

Revel, craignant d'être poursuivi et rattrapé s'il reprenait la même route, celle du nord, lui demanda son avis.

— Je crois que le plus sûr est de gagner Wau, où je t'accompagnerai : je connais le chemin. Il nous faudra trois jours à peu près pour franchir cette distance. Là, tu trouveras certainement une caravane qui t'emmènera à Andjila Seulement, le voyage sera long et pénible.

— Qu'importe, pourvu que j'arrive ?

Quelque temps après. tous les hommes partirent pour attaquer je ne sais quelle tribu, dans l'est : ils devaient demeurer absents une semaine. Revel resta, sous prétexte qu'il était indisposé, et il obtint qu'on lui laissàt Ali pour lui donner des soins.

Dès que les guerriers furent à bonne distance, il fit ses préparatifs. Ali chargea sur le méhari tout ce qui appartenait à Revel. Il n'oublia pas l'eau et les vivres. Puis il partit le premier : il devait attendre le fugitif à trois milles environ. Ce dernier se mit en marche à son tour dans la direction de l'ouest et rejoignit son guide.

Quand ils arrivèrent à Wau, ils eurent la joie de trouver en effet un long convoi d'hommes et de chameaux, qui se préparait à s'acheminer vers Andjila. Pour un prix convenu, Revel fut agréé. Ali, rassuré, lui fit ses adieux avec une sensibilité singulière.

—Te voilà sauf ; va, et ne m'oublie pas plus que je ne t'oublierai.

Au bout de vingt jours la caravane atteignit Andjila. Le vingt juin, Revel se trouvait enfin à Bengasi, petit port, à l'est de la Grande Syrte.

Il ne prit que le temps d'acheter des vêtements et du linge, de changer un de ses billets, et il s'embarqua à bord d'un petit bateau turc, qui se préparait à faire voile pour Sphakia, en Crète. Pendant la nuit qui suivit le départ, soit que le patron fût doué de cette insouciance naturelle aux Orientaux, soit que ses hommes ne fussent pas habitués à la manœuvre, un gros bâtiment à vapeur du Lloyd autrichien, qui se rendait d'Alexandrie à Trieste, coula l'embarcation. Le passager et tout l'équipage furent sauvés. A Corfou, on débarqua les Turcs et Revel continua la route, enfermé dans sa cabine, où il goûta un profond sommeil, dont il avait grand besoin.

Comme il était impatient de revoir sa ville natale, de faire visite à ses chers morts seuls depuis si longtemps et de vivre quelques jours dans un milieu d'affections, il ne s'arrêta que deux heures à Trieste et partit pour Vienne : il logea dans un petit hôtel voisin de la gare, et, le lendemain même, il se remit en route pour Wurtzbourg, où il prit un billet pour Strasbourg. Ignorant la langue allemande, il ne comprit point les indications d'un employé, monta dans un train et se réveilla le matin à Mayence. Après une journée de repos, il prit le soir le rapide de Sarrebruck et Metz, et, soulagé, bien sûr cette fois d'arriver à destination, il ne tarda pas à s'endormir profondément.

Quand le train s'arrêta, à 5 h. 30, un compagnon de voyage fut obligé de secouer vigoureusement Revel, qui entrouvrit les yeux, saisit sa valise et, à moitié éveillé, sauta sur le quai : il était à Metz.

D'abord, il fut stupéfait et crut qu'il était la proie d'un affreux cauchemar. Autour de lui, on parlait et on criait en allemand ; de tous côtés, circulaient des employés revêtus de l'uniforme allemand ; il lisait des inscriptions en allemand ; sous le hall grondaient des machines allemandes, s'allongeaient des wagons allemands ; des soldats allemands, fumant et riant, se montraient aux portières ; des officiers allemands, suivis de leurs ordonnances, se dirigeaient vers des sleeping-cars allemands. Il dit tout haut : « Évidemment, je fais un mauvais rêve ». Il sortit de la gare. Devant le bureau de l'octroi se tenaient des Allemands. Quand il eut traversé la haute et longue voûte de la porte Serpenoise, il aperçut avec horreur devant le poste une sentinelle allemande, des fantassins allemands. Éperdu, fou, livide, il se traîna, avec des vacillements d'homme ivre, jusqu'au bout de l'avenue : les passants le regardaient et souriaient.

Il passa devant la caserne du génie. qui borde la place Royale, et se laissa tomber sur un banc, à l'entrée de l'Esplanade. La tête entre les mains, il se sentait défaillir. C'était donc bien vrai ! Metz la Pucelle était souillée ! Metz était aux mains de l'ennemi ! Quelle effroyable tragédie s'était passée pendant son absence ?

Quand il levait les yeux, il contemplait la statue de Ney. L'indomptable maréchal, tête nue, le manteau rejeté en arrière, tient un fusil entre ses mains, prêt à faire le coup de feu comme un simple grenadier. Sa chevelure de lion, relevée, découvre son front plissé. Ses yeux fixes et menaçants ne perdent pas de vue les Cosaques qui tourbillonnent autour de l'arrière-garde. Et Revel se rappelait l'inauguration. Canrobert était là, à droite, debout devant un fauteuil de velours rouge, dans son uniforme à crépines d'or, et, le bâton en main, il lisait un discours. Les habitants de Sarrelouis, invités à cette fête qui célébrait la gloire de leur héroïque compatriote, poussaient des hourras. Que ce temps était loin ! Et voilà que, tout à coup, de lourds Poméraniens font l'exercice ! Et il entend le martèlement des talons ferrés, les commandements rauques et sauvages des instructeurs ! C'en est trop ! Il se lève et se dirige lamentablement vers la demeure de son ami d'enfance, Jourdan. Il passe devant ce café du Heaume, jadis rendez-vous d'habitués exubérants et tapageurs. Il arrive rue aux Ours ; il monte, et, le cœur battant d'angoisse, il sonne.

C'est son ami lui-même qui lui ouvre la porte. Il lui saute au cou avec des suffocations et des sanglots. Jourdan le regarde, le reconnaît, pousse un cri.

— Comment ! C'est toi, Revel ! Et dans quel état !

— Oh ! dis-moi, gémit-il d'une voix navrante, dis-moi que je suis le jouet d'une hallucination, que j'ai le délire ; dis-moi que Metz n'est pas une ville allemande.

— Hélas ! mon pauvre garçon, ce n'est que trop vrai. Et voilà plus de trois ans déjà ! Mais comment ne savais-tu rien ? D'où viens-tu ?

— Je ne sais ; d'Afrique, je crois ; oui, d'Afrique, où j'ai été prisonnier.

— Entre, je t'en prie ; tu me fais une peine inexprimable. Remets-toi. Et d'abord, tu vas manger.

— Non, merci, dit doucement Revel ; je n'ai besoin de rien que de savoir. Conte-moi tout ; je ne t'interromprai pas.

— Allons ! viens dans mon bureau : tu vas

connaître la vérité. Mais, de grâce, sois calme.

— Ne crains rien ; le premier moment de faiblesse est passé. Je suis fort maintenant. Parle.

Et Revel s'assied au fond de la pièce ; dans l'ombre, et, immobile, écoute.

IV

Tu sais quelle était la situation politique après
1866. La Prusse, après avoir porté un coup
mortel à l'Autriche, était devenue, on peut le
dire, la première puissance militaire de l'Europe. Victorieuse, elle conçut, ou plutôt elle se
prépara à réaliser un projet rêvé depuis long-
temps, celui de reprendre le rôle de sa rivale,
abaissée à tout jamais, et de reconstituer, à son
profit et surtout contre nous, un empire ger-
manique. Notre gouvernement, si aveugle et
si présomptueux qu'il fût, avait compris le danger. Il s'était néanmoins résigné à faire la part

du feu et à laisser croître la puissance prussienne, parce qu'il espérait naïvement des compensations. A Biarritz, en 1865, Bismark avait donné à entendre à Napoléon III qu'il lui permettrait de prendre la rive gauche du Rhin et le grand-duché de Luxembourg : que même il favoriserait son dessein secret d'annexer la Belgique. Donnant donnant. Et l'empereur fut assez crédule pour tomber dans le panneau et pour se contenter de la parole du plus habile, mais du moins scrupuleux des hommes d'Etat. Quand en effet, tu t'en souviens, Napoléon traita avec le roi de Hollande de la cession du Luxembourg, la Prusse opposa son veto. Il ne fallait donc plus songer à d'autres annexions plus importantes. Joué et furieux d'être joué, l'empereur jura qu'il ne recevrait pas un deuxième soufflet impunément.

Il eût dû par conséquent se tenir prêt à une guerre que lui-même jugeait désormais inévitable et nécessaire. Il se borna à ordonner la construction des forts de Metz ; on activa la fabrication des chassepots, dont la plupart d'ailleurs furent emmagasinés au lieu d'être livrés immédiatement à toutes les troupes ; on garda les vieux canons ; on ne songea pas sérieusement à augmenter l'effectif de nos forces.

Ainsi, tout le monde était convaincu qu'une lutte suprême s'engagerait à bref délai, et l'on ne fit rien pour combattre une armée nombreuse, solide, aguerrie, ivre de ses triomphes récents, pleine de confiance en elle-même et dans ses chefs.

Cependant notre attaché militaire à Berlin ne cessait de multiplier les avertissements : ses rapports furent tenus secrets et ne virent le jour que plus tard, quand tout était déjà compromis. Le colonel Stoffel pressait son ami, le général Ducrot, qui alors commandait à Strasbourg, de faire parvenir la vérité en haut lieu. Ducrot, qui, mieux que personne, savait que des émissaires prussiens, sans trop se cacher, parcouraient déjà et étudiaient l'Alsace, ne fut pas entendu. Peut-on imaginer pareille ineptie, une insouciance aussi effroyable ?

Tout à coup la foudre éclata. Une intrigue fut ourdie adroitement avec le maréchal Prim pour décider les Cortès d'Espagne à proclamer roi un prince de Hohenzollern, c'est-à-dire un cousin du roi Guillaume. Le 6 juillet 1870, le duc de Gramont, notre ministre des affaires étrangères, communiqua cette combinaison à la Chambre des députés et au Sénat. Je te soumettrai une observation personnelle. Comment ne s'est-il pas trouvé des gens assez froids et assez sages pour comprendre qu'un Hohenzollern raide et impérieux deviendrait bientôt impopulaire en Espagne, que sa royauté ne serait pas viable, et que, par conséquent, le danger d'une monarchie prussienne de l'autre côté des Pyrénées ne menacerait pas longtemps notre pays ? Personne ne fit cette réflexion. Notre diplomatie réussit à arracher au roi de Prusse la renonciation du prince prétendant. Pourquoi le vieux Guillaume se rendit il aussi facilement ? Le plébiscite du 8 mai, que tu n'as pas ignoré sans doute, lui avait révélé la faiblesse de notre armée. Lorsqu'il était venu à Paris, en 1867, pour visiter l'Exposition, il avait pu constater la supériorité de son matériel de guerre sur le nôtre. En approchant Napoléon et ses fidèles. il lui avait été facile de faire d'autres découvertes aussi rassurantes. Il savait que, de son côté. tout était merveilleusement organisé : service des chemins de fer, service des ambulances, service postal, télégraphie militaire, et le reste. Ses généraux et ses soldats avaient fait leurs preuves ; son état-major était réputé le plus instruit de toute l'Europe.

Il avait enfin l'avantage des masses. Et puis, comment eût-il pu douter du triomphe avec deux auxiliaires tels que le maréchal de Moltke et son chancelier? Pourtant il recula. Subit-il l'influence de la reine Augusta? S'émut-il à l'idée d'une guerre qui ne pouvait être qu'horrible? Redouta-t-il l'imprévu, qui souvent déjoue les plans les mieux conçus? On prétend qu'il s'écria : « Avec ces damnés Français, on n'est jamais sûr de rien! »

Bismark et de Moltke, fous de rage, croyaient déjà la partie, sinon perdue, du moins remise indéfiniment.

La maladresse du gouvernement impérial leur rendit bientôt l'espoir. Ébloui par le succès inespéré de sa diplomatie, il exigea du roi de Prusse l'engagement formel de ne plus autoriser à l'avenir la candidature de son parent. Guillaume, irrité de cette outrecuidance, refusa et même ne voulut plus avoir de rapports avec notre ambassadeur, M. Benedetti. Et Bismark rendit toute conciliation impossible en altérant avec cynisme une dépêche royale et en la rédigeant en termes blessants.

Cette fois, c'était bien la guerre. La rupture des négociations fut annoncée aux Chambres, qui manifestèrent une allégresse insensée : le 17 juillet, le duc de Gramont laissa tomber de la tribune cette déclaration solennelle : « A partir de maintenant, l'état de guerre existe entre les deux pays ».

Ce fut en vain que M. Thiers, avec des larmes, protesta, répétant avec insistance : « Non, non ! vous n'êtes pas prêts ». On couvrit sa voix de huées. Le grand patriote fut honni et traité de Prussien. On parla même de détruire sa maison de la place Saint-Georges. Qui l'eût écouté ? Le maréchal Lebœuf affirmait qu'il n'aurait pas à acheter un seul bouton de guêtre, et Emile Ollivier se vantait d'avoir le cœur léger ! J'ajoute qu'à Paris tous ou presque tous, il faut bien le dire, souhaitaient la guerre, et qu'en province beaucoup s'y résignaient. On était fatigué de cet état d'hostilité latente ; on vivait dans un malaise insupportable ; les affaires languissaient. Du reste, on méprisait en général ces Prussiens fanfarons qu'on avait vaincus si vite et si facilement en 1806. On oubliait 1813, 1814 et 1815 ; on oubliait Sadowa. Il n'était question que de recommencer Iéna. En quelques jours, l'insolente Prusse serait anéantie ; on ne parlerait plus d'elle. Presque tous les militaires partageaient ces illusions. Un capitaine d'artillerie, en ma présence, dit à son hôtesse : « Conservez-moi mon logement, qui me plaît. Nous défilerons le 15 août à Berlin, et nous rentrerons dans nos foyers à la fin du mois ». Un vieux commandant, qui essaya timidement au mess de faire des objections, fut criblé de sarcasmes. Telle était la confiance que, de tous côtés, on ne vit plus que cartes des provinces rhénanes et transrhénanes, où, déjà fichées, des épingles indiquaient les positions futures des corps et la route probable de notre armée victorieuse jusqu'à la Sprée. Les journaux, à l'envi, par leurs caricatures et leurs forfanteries, augmentaient le mépris pour nos adversaires et exaltaient notre vanité. Personne ne songeait à ces existences qui allaient être sacrifiées, à tant de soldats et d'officiers valeureux qu'allait nous coûter une campagne, même heureuse. On comptait beaucoup sur les mitrailleuses fabriquées avec mystère à Meudon : on prédisait des effets foudroyants. *Le Charivari* publia un dessin où l'on voyait un artilleur français qui, en présence d'une jonchée d'ennemis, se repentait d'avoir tourné trop vite la manivelle. Le secret avait été si bien gardé, que les canons à balles furent envoyés à Metz sans qu'on en connût la manœuvre : on devait l'enseigner là-bas aux servants, disait-on. Du reste, le fusil Chassepot, en général, n'était pas plus familier à beaucoup de fantassins. Un lieutenant m'avoua que ses hommes, non seulement n'avaient jamais tiré, mais encore ne savaient pas même démonter et remonter la culasse mobile.

V

Deux hauts personnages au moins n'ignoraient
pas que nous nous précipitions dans une aventure.
L'un était Emile Ollivier, qui, lorsqu'un moment le danger parut conjuré et lorsque les
mouvements de nos troupes furent suspendus,
montrait la joie la plus vive, se frottait les
mains et annonçait avec soulagement dans la
salle des Pas-perdus du Palais-Bourbon que le
cauchemar s'était enfin évanoui. L'autre était
l'empereur lui-même : instruit, comme tout le
monde, par les événements antérieurs, renseigné
par la cour d'Angleterre, par le prince de Metter-

nich et d'autres, prévenu, comme je l'ai dit précédemment, par la voie ordinaire, il avait, en outre, grâce à sa connaissance approfondie de la langue allemande, pu lire les ouvrages spéciaux et les revues militaires d'outre-Rhin, et se rendre compte que nous n'étions pas en mesure.

Le ton grave et triste de sa proclamation du 23 juillet, où il ne cacha pas que la guerre, guerre de sièges, serait longue et pénible, affecta les gens rassis et irrita les emballés, sans les éclairer.

Je veux bien croire que l'optimiste Lebœuf fut sincère et de bonne foi. En tout cas, il fut cruellement désabusé quand, nommé major-général de l'Armée du Rhin, il passa l'inspection des troupes et des forteresses de l'Est. Il constata avec étonnement que le matériel était insuffisant ou manquait tout à fait ; que, sauf Metz, les villes étaient sans canons ou ne disposaient que de canons à faible portée ; que les approvisionnements étaient nuls ; que les défenses n'étaient pas toutes terminées. Ici, on avait achevé les forts de l'Ouest, ceux du Saint-Quentin et des Carrières. Celui de Woippy n'avait même pas été commencé. On travaillait encore à ceux de l'Est, du côté de la Prusse. Les fossés du fort de Saint-Julien n'étaient pas complètement creusés ; on fut obligé de suppléer aux murailles par des palissades de gros pieux. Il n'y avait point de pièces de position : un ennemi audacieux eût pu l'enlever par surprise. Les murs du fort de Queuleu glissaient sur la terre glaise où ils étaient construits.

Notre artillerie de ligne se composait de pièces légères de 4 qui ne portaient qu'à 2500 mètres, ou de lourdes pièces de 12 d'une portée de 4500 mètres ; tandis que les Allemands avaient leurs canons d'acier nouveau modèle qu'on avait pu voir à l'Exposition de 1867. Ces canons avaient été offerts au gouvernement impérial par Krupp, qui savait que la France était riche et payait bien. Le comité d'artillerie décida qu'ils n'avaient pas de valeur pratique, et on les refusa.

On s'aperçut plus tard que leur tir était long, précis et meurtrier. Si tu veux avoir une idée de notre routine, vers 1872, je crois, parut dans la *Revue des Deux Mondes* un article d'un spécialiste qui, malgré l'expérience récente, prônait nos anciennes pièces. Il paraissait ignorer que la supériorité de l'armement sera toujours un élément considérable de la victoire. Ce furent nos canons rayés qui, en 1859, sauvèrent nos vaillantes troupes.

La plupart de nos hommes politiques éprouvèrent un singulier mécompte quand ils surent que les Etats de l'Allemagne, la Bavière même sur les rancunes de laquelle on avait fait fond, fournissaient sans hésiter leurs contingents à la Prusse ; que l'Italie, blessée de l'occupation de Rome, ne bougeait pas ; que l'Autriche, soit par crainte, soit par ressentiment de Magenta et de Solferino, restait neutre.

Pourtant, telle était la conviction de la victoire, qu'on ne supposa pas un instant, au début, que notre ville pût être menacée. Metz ne devait être qu'un dépôt de blessés pour l'armée opérant au loin, sur le territoire ennemi. Aussi ne fut-il question d'abord que de la constitution des ambulances. Le 23 juillet, le maire et le conseil municipal avisaient la population qu'il était urgent de pourvoir aux besoins des blessés et des malades qui seraient dirigés sur la ville. « Il faut, disaient-ils, verser dans une caisse spéciale tout ce dont on pourra disposer pour secourir efficacement et sans retard les souffrances dont nous serons les premiers témoins. Nous faisons appel au dévouement des habitants

pour tous les services personnels qu'ils pourront
rendre ».

VI

Le 28 juillet, à sept heures du soir, l'empereur
arriva à Metz avec le prince impérial et le prince
Napoléon. Une foule nombreuse encombrait les
trottoirs, de la porte Serpenoise à l'hôtel de la
Préfecture. Les Cent-gardes prestigieux et
étincelants, de nombreux officiers d'état-major
tout brillants d'or et de décorations paradaient
autour des augustes personnages. Napoléon fut
accueilli avec curiosité, mais sans démonstra-
tions, par les Messins, qui avaient, en majorité,
voté « non » au plébiscite. Tout le monde remarqua que l'empereur était pâle, souffrant,

préoccupé : il n'éveilla pas l'idée d'un futur vainqueur. Du reste. il interdit toute réception officielle.

Notre digne évêque, un des deux prélats qui n'assistèrent pas au baptême du prince impérial. eut la surprise d'entendre l'empereur lui avouer « que cette guerre avait éclaté trop tôt ». Et plus tard, le même Napoléon osa déclarer au roi Guillaume qu'il lui eût fallu dix ans pour avoir une armée capable d'entrer en ligne avec l'armée allemande.

Un jour, il devait assister à la messe de la Cathédrale. Il ne vint pas. Un de ses aumôniers dit : « Ils ont tous perdu la tête au quartier-général ». On conta qu'une vieille religieuse. qui avait fait la campagne d'Italie. secouait la tête et prédisait que tout irait mal.

En effet, tout était désordre et désarroi. Nos corps d'armée n'étaient organisés que sur le papier : la concentration et la formation s'opéraient lentement et péniblement, dans une confusion inextricable L'armée française, qui (le plébiscite l'a prouvé) ne comptait que 300.000 hommes, ne possédait pas, au 28 juillet, les deux tiers de son effectif. On eut l'idée désastreuse de la diviser en 7 corps, éloignés et répartis sur notre frontière, de Metz à Belfort. L'intendance faisait preuve d'une déplorable incapacité. Les objets de première nécessité faisaient défaut. Les convoyeurs se plaignaient d'être sans ordres et sans vivres.

Malgré ces conditions d'infériorité et les présages d'insuccès, on résolut de tenter un coup pour relever le moral, intimider les Allemands et décider par un fait d'armes retentissant nos soi-disant alliés encore hésitants. On livra un combat, ou plutôt on fit une démonstration ridicule devant Sarrebrück. Les Prussiens attaqués ne s'engagèrent pas et se retirèrent sur les hauteurs voisines. Nos mitrailleuses culbutèrent un peloton de fantassins ennemis sur la voie ferrée. Il n'en fallut pas plus. On télégraphia de tous côtés la grande victoire de Sarrebrück. L'empereur écrivit à l'impératrice que son fils avait ramassé des balles et que les vieux grenadiers, attendris de son sang-froid précoce, s'essuyaient les yeux. Parti de Metz à 8 h. du matin, le triomphateur était de retour à 4 h. de l'après-midi. Ce fut dans toute l'Europe un concert d'ironies.

Pendant ce temps, nos adversaires n'avaient pas perdu une minute. Plus de 500.000 combattants étaient déjà réunis presque sur nos frontières ; en arrière, autant d'autres n'attendaient que le signal pour marcher en avant. Un matériel considérable était sans relâche transporté vers l'ouest. Exactement, dès le 2 août, les forces allemandes se décomposaient ainsi: 1.120.000 fantassins, 1734 canons, 106.400 cavaliers, sous les ordres de généraux habiles et d'officiers valeureux.

Les troupes de première ligne étaient réparties entre trois grandes armées qui allaient prendre l'offensive :

1° l'Armée du Nord, composée de 150.000 hommes, commandée par le général Von Steinmetz, dans la région Trèves-Sarrelouis-Sarrebrück ;

2° l'Armée du Centre, dans le Palatinat, forte de 140.000 hommes, commandée par le prince Frédéric-Charles ;

3° l'Armée du Sud, avec le prince royal, devant Berg-Zabern, Wissembourg, Lauterbourg : 150.000 hommes. Tout ce monde était muni d'excellentes cartes de France.

On avait si peu prévu l'invasion que nos officiers étaient absolument dénués de cartes de Lorraine et d'Alsace, et que le terrain où ils allaient opérer leur était totalement inconnu. Un exemple. Les Prussiens de Sarrelouis avaient surpris le poste des douanes de Schreckling, fait prisonniers les préposés avec un lieutenant et emporté la caisse. Tout le pays était terrifié, et l'on attendait avec impatience nos troupes. Enfin, un escadron de dragons fut détaché. Quand, à Vaudreching, il fut en vue de Bouzonville, dont on distinguait le gros clocher ventru à 1500 mètres, il s'arrêta. Le capitaine interrogea des gens du pays, qui, pour la plupart, ne connaissaient que très imparfaitement la langue française, ou même ne la connaissaient pas du tout. « Diable ! s'écria-t-il, serions-nous déjà en Prusse ? » On se rapprocha. Le drapeau de tôle de l'hôtel-de-ville, dont les couleurs étaient effacées, n'apprenait rien.

» Voyons ! vous, Thiébault, et vous, Remy, allez donc en avant et renseignez-vous ». Les deux maréchaux-des-logis désignés, qui n'avaient pas froid aux yeux, piquèrent des deux, et, arrivés aux premières maisons du bourg, questionnèrent un bonhomme qui fendait du bois. « Vous êtes en France, leur répondit-il ; la Prusse est encore à 6 kilomètres ». Ils rendirent compte de leur mission à l'officier,

et l'escadron fit son entrée dans Bouzonville.

VII

Voici quelles étaient les positions . de nos troupes le 3 aoùt : le 4ᵉ corps, avec le général de Ladmirault, à l'est de Thionville et au nord-est de Metz ; la Garde, devant Metz, à l'est ; le 2ᵘ corps, général Frossard, devant Forbach et Spicheren ; le 3ᵉ corps, maréchal Bazaine, en arrière ; le 5ᵉ corps, général de Failly, au sud-ouest de Bitche ; le 1ᵉʳ corps, maréchal de Mac Mahon, adossé à Frœschwiller. avec la division Abel Douay en pointe à Wissembourg. Le choc était imminent.

La ville, si animée, si tumultueuse jusque-là, était presque vide de soldats ; l'immense matériel qui encombrait les places avait disparu comme par enchantement. On attendait d'heure en heure la sonnerie triomphale de la Mutte, comme aux beaux jours. On voyait, du matin au soir, des groupes compacts aux abords de la Préfecture et de la Mairie. On arrachait les journaux aux porteurs. On envoyait des télégrammes qui restaient sans réponse. On suivait avidement des yeux les estafettes ; on était tenté de leur voler leurs dépêches. Des gens, à la gare, entouraient les voyageurs qui arrivaient des différents points de la frontière. Les cafés étaient remplis jusqu'à la fermeture. Les bourgeois les plus calmes étaient dévorés par la fièvre et ne pouvaient se décider à rentrer chez eux.

Tout à coup se répandit le bruit d'une victoire foudroyante de Mac-Mahon. Une dépêche, affichée on ne sait par qui, annonça la défaite du prince royal : il était fait prisonnier avec 20.000 hommes ; le nombre des morts et des blessés était extraordinaire. En un instant, toutes les maisons furent pavoisées. Les rues fourmillaient d'une foule en délire; on chantait, on pleurait, on vociférait. Des gens qui ne se connaissaient pas s'embrassaient. Heureux et émerveillé de ce succès prodigieux, j'allais à l'aventure, comme dans un vertige. En arrivant sur la place Royale, j'aperçus un grand rassemblement d'où partaient des huées et des cris de colère. Je réussis à m'avancer jusqu'au premier rang. Au centre, un jeune homme, blanc comme la neige, s'écriait au milieu des menaces et des injures : « Je vous dis que la dépêche est fausse ; j'ai vu, de mes yeux, un officier de gendarmerie l'arracher. » On lui eût fait un mauvais parti, tant on était exaspéré. Mais il fallut se rendre à l'évidence : on apprenait bientôt que le général Abel Douay, surpris avec 5.000 hommes par 40.000 ennemis, avait été battu et tué, après une résistance acharnée.

Nous fûmes d'abord consternés ; mais nous finîmes par nous rassurer. Après tout, ce n'était qu'une affaire d'avant-postes ; Douay n'avait pas su se garder : il avait fait preuve d'une incurie qu'il avait payée cher. Heureusement, Mac Mahon était là, le héros de Magenta, l'espoir du pays.

Deux jours après, le 6 août, on apprenait que le maréchal de Mac Mahon avait essuyé un désastre à Wœrth ,et que, malgré le dévouement des cuirassiers, son armée, en débandade, fuyait du côté de Saverne. Et cependant quels prodiges de valeur ! Un commandant, qui est maintenant général, me disait plus tard : « Nos hommes ! on n'avait pas besoin de les lancer sur les Prussiens : il fallait plutôt les arrêter. Mais que faire contre des masses qui s'augmentaient sans cesse de nouveaux renforts !

Et, pour comble d'infortune, une deuxième dépêche vint nous instruire d'une nouvelle défaite, celle du général Frossard à Forbach. Ni le général de Failly ni le maréchal Bazaine n'accoururent à son secours : ils le laissèrent froidement écraser.

La frontière était ouverte. Nos corps d'armée avaient été culbutés ou débordés : ils eurent l'ordre de se concentrer sous Metz. La retraite s'opéra avec précipitation, non sans désordre. Les officiers et les soldats commençaient à se défier de certains chefs, dont ils avaient démêlé l'indécision ou l'incapacité. Le 4º corps avait été épuisé en marches et contremarches, tantôt du côté de Sierk, tantôt dans la direction de Saint Avold. Quand on demandait aux chefs la raison de ces singulières manœuvres, ils répondaient :

« C'est pour donner le change à l'ennemi ».
Lorsque ce corps se replia sur Metz par Boulay
et Gondreville, à la grande frayeur des habitants qui se voyaient abandonnés aux redoutables
Prussiens, tel fut l'affolement qu'un régiment
tout entier fut oublié dans un village entre
Teterchen et Boulay. Le colonel, qui n'avait
pas reçu d'ordres, était perplexe. Enfin, il se
décida à déguerpir. Et bien lui en prit.

Il se passa des faits navrants. Quelques
traînards, déjà à moitié ivres, pénétrèrent dans
un cellier et se mirent en devoir de défoncer
les tonneaux. Le propriétaire leur offrit autant
de vin qu'ils en voudraient. Malgré cette proposition conciliante, ils brisèrent les douves
d'une pièce : le vin coula à flots. Pour ne pas
le perdre, ils renversèrent cette pièce dans un
baquet plein de choucroute. Ils se gorgèrent
de l'affreux mélange et restèrent étendus sur la
place. Les paysans les soignèrent de leur mieux
et les obligèrent à continuer titubants leur route.
Quelques moments après, des uhlans apparaissaient sur la lisière de la forêt.

Pendant les premiers jours qui suivirent la
concentration de nos troupes autour de Metz,
il y eut une confusion, un effarement dont tu

ne peux avoir l'idée. On oubliait de prendre les précautions les plus élémentaires. Un cavalier allemand eut l'audace de venir à la porte Mazelle lire la proclamation de l'empereur Napoléon III. A Montigny, c'est-à-dire tout près des fortifications, un lieutenant de mobiles fut pris devant une maison et emmené.

On laissait échapper les occasions de réprimer, sans risque, les insolences des vainqueurs, et on traitait en suspects d'excellents patriotes. Le père Vuillaume, que tu connais bien, inquiet sur le sort de sa maison de Chérisey, s'y rendit. A peine y était-il, que survint un régiment prussien. Le colonel, qu'il eut l'honneur d'héberger, exigea un repas copieux pour midi. Le père Vuillaume lui exposa qu'il n'avait pas même un morceau de pain.

« Monsieur le Lorrain, dit le colonel en levant son revolver, je n'admets pas de refus. » L'autre ne se le fit pas dire deux fois. Par le jardin et par les prés il s'esquiva et détala. En traversant Pouilly, il remarqua que le village était rempli de Prussiens sans armes qui pillaient et qui, affairés, le laissèrent passer. A Magny, il rencontra les Français. On l'amena à un général. Il crut bien faire de l'informer que des ennemis étaient ré-

pandus dans les maisons de Pouilly et qu'il serait aisé de les surprendre. Il fut arrêté, con-
duit à la place, et on ne le lâcha que quand il
eut prouvé son identité.

VIII

Le 7 août, l'état de siège était proclamé pour les places de Metz, Verdun, Montmédy, Longwy, Thionville, Bitche, Strasbourg, Phalsbourg, Marsal, Toul, Belfort.

Le général Coffinières de Nordeck, commandant en chef le génie de l'armée, était nommé commandant supérienr de la place de Metz : on lui remettait les pouvoirs civils et militaires les plus étendus.

Les élections municipales furent ajournées. On arrêta le mouvement d'émigration des campagnards sur la ville. Plusieurs portes furent interdites à la circulation : quelques-unes seulement devaient être ouvertes de 6 h. à 8 h. du matin, et de 5 h. à 7 h. du soir. Le sol fut rasé sur la première et la deuxième zone : on eut le chagrin de voir saccager tant de charmantes propriétés, qui étaient cependant situées entre les remparts et les forts. Enfin, tout étranger, de la Prusse ou des pays de la Confédération du Nord, résidant à Metz, devait demander un permis de séjour. Tu avoueras que l'on usait d'une courtoisie bien étrange et plus que naïve. N'eût-on pas dû expulser tous les Allemands. dont plusieurs entretinrent sans doute des communications avec les assiégeants? Ainsi, un Belge, nommé Schull, espion d'une intelligence et d'une énergie rares, fut convaincu d'avoir causé en partie la défaite du général Abel Douay : il fut fusillé le 27 août, à la Citadelle, à 6 heures du matin. Je dois dire qu'il mourut bravement et sans forfanterie. Un autre espion, portant l'uniforme de sous-intendant, prit des renseignements à la Manutention et disparut. Un individu dénoncé se pendit. Combien d'autres purent probablement renseigner leurs frères ! Par contre, on faillit mettre à mort un pauvre diable, nommé Kahn, qui fut accusé par lettre anonyme d'avoir vendu des chevaux aux ennemis : il prouva son innocence.

Le 8 août, on procéda à l'organisation de la garde nationale. M. Laffitte, colonel d'artillerie en retraite, fut nommé commandant des cinq bataillons avec le grade de colonel : il eut comme officiers, entre autres, Pardon, Saulcy, Réau, Meyer.

Le 10, on décréta que nulle personne ne serait admise à entrer à Metz, si elle n'apportait au moins 40 jours de vivres. Le même jour arrivait de Châlons le maréchal Canrobert avec le 6e corps.

Enfin, un décret du 12 désigna Bazaine comme, chef de l'armée du Rhin, avec le général de division Jarras, comme chef d'état-major. On dit que cette nomination avait été imposée par l'opinion publique, par le Corps législatif et par les ministres. Ce qu'il y a de certain, c'est que ceux qui connaissaient « le héros du Mexique » s'écrièrent : « Nous sommes perdus ».

Cependant les ennemis ne perdaient pas leur temps. L'armée de Steinmetz s'avançait au nord pour s'établir solidement sur la Moselle, entre Thionville et Metz. L'armée du centre marchait, une partie droit sur Metz, une partie obliquement vers le sud, dans le but d'investir la place, à l'ouest, au sud et au sud-ouest, sur les deux rives de la Moselle, qu'elle passa vers Pont-à-Mousson. L'armée du prince royal s'était attachée à la poursuite de Mac Mahon jusqu'au delà de Nancy, sur la route de Châlons : elle appuyait autant que possible vers le nord, pour empêcher la jonction de Mac Mahon et de Bazaine, tout en ne négligeant pas son objectif, qui était Paris.

Nous nourrissions encore des illusions : nous comptions sur une intervention extérieure. « En Italie, disait gravement le *Courrier de la Moselle*, tandis que la gauche insiste pour la neutralité, le parti modéré est sympathique à la France ; le roi veut à tout prix notre alliance ». Plus tard, il suggérait qu'un mouvement de l'armée autrichienne donnerait à réfléchir aux Prussiens.

Le 14, le maréchal Bazaine, sous prétexte de gagner la route de Verdun, soit pour couper aux Allemands le chemin de Paris, soit pour se réunir à l'armée du camp de Châlons en voie de réorganisation, donna l'ordre de passer sur la rive gauche de la Moselle par des ponts jetés en amont et en aval. Le 3e corps, resté seul sur la rive droite, fut attaqué, vers 4 heures du soir, par l'ennemi qui voulut arrêter ce mouvement. L'engagement commença à Sainte-Barbe. Le 4ᵉ corps avait déjà passé les ponts ; en entendant le canon, il fit volte-face et accourut pour appuyer le 3ᵉ corps. Le front de bataille s'étendit bientôt jusqu'à Grigy. Après une lutte de quatre heures, les colonnes prussiennes furent repoussées sur tous les points avec des pertes sérieuses. Mais notre marche vers la Meuse fut arrêtée : elle ne fut reprise que le lendemain, avec la lenteur habituelle.

Le même jour, Napoléon partit. Quand il quitta Metz, il était accablé, anéanti ; il ne pouvait parler, il balbutiait. Ceux qui le virent à ce moment gardèrent une impression pénible. Il traversa la ville et passa la nuit à Longeville, dans la maison du colonel en retraite, Hennocque, ancien député. Des obus ennemis tuèrent ou blessèrent quelques personnes de sa suite dans le jardin même. Précipitamment, il s'enfuit à pied, à travers les vignes, accompagné du prince impérial. Les équipages le rejoignirent plus loin. Il monta avec son fils dans une voiture découverte et s'achemina vers Conflans, au milieu d'une escorte de chasseurs d'Afrique, de fantassins et d'artilleurs qui avaient trois pièces : on allait au pas. Vers 11 heures, malgré toutes ces précautions, il faillit être pris par des cavaliers prussiens. Avant son départ, il avait laissé cet adieu :

« Habitants de Metz,

« En vous quittant pour aller combattre
« l'invasion, je confie à votre patriotisme la
« défense de votre grande cité. Vous ne per-
« mettrez pas que l'étranger s'empare de ce
« boulevard de la France, et vous rivaliserez
« de dévouement et de courage avec l'armée.
« Je conserverai le souvenir reconnaissant de
« l'accueil que j'ai trouvé dans vos murs, et
« j'espère que, dans des temps plus heureux,
« je pourrai revenir vous remercier de votre
« belle conduite. »

Il allait rejoindre à Châlons le maréchal Mac-Mahon. Ce dernier et le général Trochu, dont on implorait alors les avis, voulaient qu'il marchât sur Paris. Bazaine immobilisant à Metz une grande partie des forces allemandes, on aurait pu, pendant ce temps, réunir de nouvelles troupes et organiser solidement la défense. Mais l'impératrice Eugénie, qui avait été

nommée régente, et son conseil combattirent
ce plan, qui fut abandonné. L'empereur ne devait rentrer dans sa capitale que victorieux :
il n'y revint jamais.

IX

Le 16, nos troupes occupaient Gravelotte, Rezonville, Flavigny, Vionville. Une bataille commença alors que l'empereur était déjà loin, sur la route de Verdun.

La division de cavalerie de Forton était cantonnée à Vionville et aux environs. Le matin, le général de Forton et le prince Murat étaient en train de déjeuner, quand un cultivateur, Lerond, s'appprocha : « Mon général, dit-il, je viens vous prévenir que les Prussiens sont là, dans la plaine. » Le général se mit à rire : « Ces paysans voient des Prussiens partout !

Ce sont des buissons que vous avez pris pour des lignes de soldats, mon garçon.

— Pardon, mon général, je connais le pays, et je vous affirme que je ne me suis pas trompé. Il est facile de voir briller les armes.

— Comment voulez-vous qu'ils soient déjà ici ? On se battait avant-hier à Borny.

— Je n'en sais rien, mon général, mais ils sont là.

— Allons voir, reprit le général en haussant les épaules. Et vous, bonne femme, tenez notre café prêt. » Les deux chefs partirent, suivis de Lerond. Arrivés sur la hauteur, ils regardèrent avec leurs lorgnettes.

« En effet, dit le général de Forton déconcerté, ce sont bien des troupes. « Ils revinrent en toute hâte. Déjà les obus pleuvaient sur le village. Les cavaliers, qui étaient en tenue de pansage, n'eurent que le temps de jeter les selles sur le dos des chevaux, de les brider et de se replier en désordre sur Rezonville. Un capitaine dormait à poings fermés dans une maison. Réveillé par la propriétaire, il se sauva et courut presque nu. Voilà le début de la grande bataille du 16 ! Nos chefs prouvèrent une fois de plus (et ce ne fut pas la dernière) qu'ils dédaignaient de s'éclairer, tandis que les uhlans et les dragons allemands, qui n'étaient pas plus braves que les nôtres, se montraient à plusieurs kilomètres en avant de l'armée. Ainsi, quatre cavaliers ennemis eurent le courage, facile du reste, de caracoler impunément dans les rues de Nancy, alors que les avant-gardes étaient bien loin encore.

Quand les Prussiens firent leur entrée dans Vionville, les habitants remarquèrent avec surprise leur conduite qu'ils jugèrent piteusement prudente. Loin d'avoir l'assurance de vainqueurs, ils se blottissaient sous des charrettes, se cachaient derrière les murs ou les haies, se jetaient dans les allées. Il fallait que les officiers, à coups de botte et de plat de sabre, les délogeassent de leurs refuges. Au contraire, lorsque les Français reprirent le village, ils entrèrent dans les rues en riant, en chantant, le fusil en bandoulière. Deux hommes seulement furent tués, frappés à la tête par un chevron que détacha un obus.

Tout le monde était plein d'espoir et d'entrain. Nous avions l'avantage du nombre, puisque notre effectif était de 135.000 combattants contre 95.000. Nos soldats, comme le 14, déployèrent une superbe bravoure. Il y eut un engagement à la baïonnette qui coûta cher aux ennemis, et notre brillante cavalerie chargea avec impétuosité ; mais l'artillerie prussienne nous fit beaucoup de mal.Et surtout Bazaine manqua de coup d'œil et de décision : un autre que lui eût remporté une victoire qui aurait peut-être été le salut de Metz et du pays. S'il l'avait bien voulu, il aurait rejeté le soir 30.000 hommes dans le ravin de Gorze. Il nous fit perdre inutilement 16 000 hommes, et les Allemands purent se vanter d'avoir atteint leur but, qui était de suspendre notre marche sur Verdun. Mais ce ne fut que le lendemain qu'ils purent se rendre compte de l'étendue de leur succès. Le matin du 17, la plupart étaient persuadés que l'armée française avait poursuivi ou allait poursuivre son mouvement.Quand ils trouvèrent les positions évacuées, quand ils surent que nos troupes avaient obliqué du côté d'Amanvillers, ils furent agréablement surpris. Leur joie fut d'autant plus vive que le plan de Moltke avait été jugé téméraire par un grand nombre d'officiers prussiens. Des lettres recueillies sur le champ de bataille révélèrent leurs appréhensions.

Je veux que tu visites cette plaine toute bosselée de tombes. Dans la même fosse gisent plusieurs cadavres. On enterrait pêle-mêle et au hasard les morts. Sans le curé de Vionville qui nota soigneusement les sépultures et ceux qu'elles renfermaient, bien des familles n'auraient pas eu la consolation de retrouver les restes des leurs. On m'a conté qu'on exhuma ainsi un capitaine d'artillerie de la Garde, dont les bras et les jambes s'étaient tordus comme dans une horrible agonie. On pensa qu'il avait été enseveli vivant. Deux ans après, on découvrit un squelette dans un fourré : des lambeaux d'uniforme, les boutons et les galons permirent de constater que c'était celui d'un lieutenant d'infanterie.

Je te montrerai un vaste tertre sur lequel est un grand livre de marbre blanc ouvert : sur les feuillets sont gravés des noms. Il paraît que les officiers du régiment d'Oldenbourg tenaient une espèce de conseil dans le bois.

Ils sortirent. A peine furent-ils en vue qu'une décharge de mitrailleuses postées à 1200 m,, les coucha tous par terre. Les Allemands ont élevé une multitude de croix en bois où tu liras des épitaphes élogieuses pour les valeu-

reux guerriers (tapferer krieger) des deux na-
tions.

Pourquoi Bazaine donna-t-il l'ordre inattendu
de se porter vers le nord-ouest ? Il allégua
qu'il n'avait pas osé s'éloigner de la place parce qu'il manquait de munitions. Mais son premier devoir, devoir élémentaire, n'était-il pas
d'organiser le ravitaillement en vue d'une deuxième action, qui, celle là, étant donné l'enthousiasme de nos soldats, ne pouvait être que
funeste à nos adversaires ? Beaucoup d'opti-
mistes, déçus, commencèrent à soupçonner que
Bazaine n'était pas à la hauteur de sa tâche.
D'autres, lui refusant l'excuse de l'ignorance
et de l'incapacité, prétendirent que, pour des
raisons encore impénétrables, il n'avait pas
songé sérieusement à rejoindre l'armée de Châlons. Dans le peuple et parmi les soldats, on
murmurait le gros mot de trahison.

Ce même jour, 17 août, le maréchal adres-
sait à l'empereur et au ministre de la guerre
un rapport sur la situation de l'armée. « Les
« corps, disait-il, sont peu riches en vivres ; je
« vais tâcher d'en faire venir par la route des
« Ardennes, qui est encore libre. Le général
« Soleille me rend compte que la place est peu

« approvisionnée en munitions et qu'elle ne
« peut donner que 800.000 cartouches, ce qui,
« pour nos soldats, est l'affaire d'une journée.
« Il n'y a également qu'un petit nombre de
« coups pour pièces de quatre. Le général So-
« leille a dû demander ce qui est indispensable
« pour remonter l'outillage ; mais cela arri-
« vera-t-il à temps? Les régiments du général
« Frossard n'ont plus d'ustensiles de campe-
« ment et ne peuvent plus faire cuire leurs
« aliments. Nous allons faire tous nos efforts
» pour reconstituer nos approvisionnements
« de toute sorte, afin de reprendre notre mar-
« che dans deux jours, si cela est possible. Je
« prendrai la route de Briey. Nous ne perdrons
« pas de temps, à moins que de nouveaux
« combats ne déjouent nos combinaisons. »

Ai-je besoin de te faire remarquer que tout
était faux ou exagéré dans cet exposé, de te
signaler les restrictions habiles et sournoises
qui préparaient les justifications futures?

Le 18, à 11 heures du matin, commença la
dernière des grandes batailles sous Metz, la bataille suprême.

Amanvillers et Marengo étaient à peu près
au centre de notre front. Toutefois, c'est autour

et à l'intérieur de Saint-Privat que l'action a été le plus vive. Jusqu'à 4 heures, malgré l'infériorité du nombre, le maréchal Canrobert était dans d'excellentes conditions. Il repoussa vigoureusement les attaques répétées des ennemis et même leur infligea des pertes sanglantes ; la garde prussienne perdit en une demi-heure près de 7.000 hommes. Mais les munitions vinrent tout à coup à manquer ; mais les ennemis recevaient sans cesse des renforts ; mais Bazaine, à qui l'on envoyait estafette sur estafette, ne bougea pas du fort Saint-Quentin ; mais les grenadiers et l'artillerie de la Garde ne donnèrent point. Le soir la lutte devenait impossible. Le 6e et le 4e corps se retirèrent sur Metz. Il y eut alors une panique. Des cris de « Sauve qui peut » furent poussés ; des hommes des différentes armes s'enfuirent pêle-mêle jusqu'aux glacis. On entendait de toutes parts : « Nous sommes trahis ! La France est vendue ! »

Cette journée coûta aux Français 13.000 hommes ; aux Allemands, 20.000 hommes, dont 900 officiers.

Au dire de tous les gens compétents, si Bazaine était sorti de son inaction, les ennemis auraient éprouvé un désastre véritable.

Le lendemain, tous les régiments qui avaient conservé leurs positions reçurent l'ordre de les abandonner et de se replier sur la place. C'est à partir du 19 que commença cette agonie de 71 jours : le blocus.

X

Le 20, sans doute pour dissiper les impres-
sions fâcheuses de la population et de l'armée,
pour étouffer certains bruits, le maréchal Bazaine fit publier un ordre où il félicitait et re-
merciait, au nom de l'Empereur, les troupes
de leur belle conduite dans les combats glorieux du 14, du 16 et du 18 août, et où il leur
promettait des récompenses ; il annonçait que
la lutte ne faisait que commencer, qu'elle serait
longue et acharnée ; qne la victoire était assu-
rée ; que la France entière se levait. « Quel
est celui de nous, s'écriait-il lyriquement, qui

ne donnerait pas la dernière goutte de son sang pour délivrer le sol natal ? » Belles paroles,que contredit absolument sa conduite !

Il ne sut pas ou ne voulut pas utiliser la cavalerie, qui aurait dû occuper tous les points défensifs, rendre impraticable la voie ferrée de Thionville, détruire les ponts, par exemple celui d'Ars qui était miné : il est vrai que l'on fit sauter une arche de celui de Longeville, opération qui ne gèna en rien les Allemands, mais qui nous gèna beaucoup nous-mêmes. Il négligea son devoir strict, qui était de fatiguer, de harceler chaque jour et de démoraliser l'assiégeant par des attaques incessantes : chose facile, puisqu'il était au centre d'un cercle dont le diamètre n'était que de 17 kilomètres environ. La ligne d'investissement, sur toue les points de laquelle il pouvait se porter en peu de temps, était mince ; avant une concentration des ennemis, il pouvait, chaque jour, leur infliger des pertes sensibles, faire des razzias de vivres et de fourrages et prolonger ainsi la résistance. Les Allemands purent même,sans être inquiétés, construire en 30 jours un chemin de fer américain de 35 kilomètres, de Remilly à Pont-à-Mousson, pour tourner la forteresse. On vit, le 19, des cavaliers prussiens s'approcher tout près des forts de Queuleu et de Saint-Julien et se retirer au petit pas, comme s'ils étaient sûrs de l'impunité.

Les batailles meurtrières du 6 au 18 avaient rempli la ville de blessés. Les hôpitaux ordinaires ne suffirent plus. Metz tout entier devint une vaste ambulance.

On organisa en succursales : les casernes Coislin et du Fort-Moselle, la caserne de Chambière, la Préfecture, l'Evêché, les magasins de la gare, les magasins d'artillerie, la manufacture des tabacs ; le lycée dont tout le personnel, le proviseur Roguet en tête, fut admirable ; le Palais de Justice, l'Ecole d'application, la salle Foulon. On mit des blessés et des malades dans des tentes dressées sur l'Esplanade et dans le jardin Boufflers. Sur la place Royale, on les reçut dans des wagons disposés en rangées successives, sous forme de rues, parallèlement à la grille de la caserne du génie : chaque wagon en contenait huit. Mais ils y souffraient tantôt de la chaleur, tantôt du froid. Au Polygone, on installa 30 pavillons à 50 lits, espacés de 8 mètres, imbriqués d'un côté et sur la moitié de leur longueur, pour éviter, autant que possible, que l'air vicié de l'un ne fût porté sur l'autre. Enfin, plusieurs particuliers eurent chez eux un ou deux blessés ou malades.

Ces derniers furent les plus heureux de tous. On les soignait bien, on les choyait, on les dorlotait : ils trouvaient la tendresse d'une mère ou d'une sœur. Tel même inspira de l'amour à sa jeune gardienne, et le dénouement fut un mariage.

Les médecins et leurs aides avaient beau se multiplier ; ils étaient débordés par la besogne : 480 Messins ou Messines vinrent à leur secours et secondèrent leur dévouement. Le médecin en chef Grellois a rendu justice à ces infirmières et à ces infirmiers volontaires. Il a dit que notamment les femmes étaient de véritables anges que rien ne rebutait : ni les plaies horribles, ni les cris, ni la vue des opérations, ni les agonies, ni les morts, ni le danger ; le rayon de leur bonne humeur et de leur compassion délicate éclairait et réchauffait les pauvres diables.

Ceux ou celles qui ne pouvaient payer de leur personne s'empressaient d'apporter leur contribution en argent ou en dons de toute nature. Les souscriptions, auxquelles prirent largement part tous les militaires sans distinction, produisirent en peu de jours la somme de 88.000 fr.

Malgré tant de zèle et d'humanité, malgré les mesures d'hygiène et les précautions les plus intelligentes, la dysenterie, le tétanos, le typhus, le scorbut, la pourriture d'hôpital et l'érysipèle traumatique firent des ravages. Sur un effectif total de 43.000 blessés ou malades entrés à Metz pendant toute la durée de la campagne, il y eut 7.203 morts dans les 51 ambulances ou hôpitaux : c'est, du moins, le chiffre des inhumations faites au cimetière Chambière.

Ce qu'on ne pouvait se lasser d'admirer, c'était le courage, le patriotisme et l'abnégation de ces malheureux. Ceux qu'on avait apportés blessés avant la fin d'une bataille, s'informaient avec anxiété « de ce qui se passait là-bas ». De bonnes nouvelles les enlevaient à la sensation de leurs propres maux : ils étaient tout à la joie. Au récit d'un échec, ils baissaient la tête, et, s'oubliant encore, ils disaient avec tristesse: « Pas de chance ! Pauvres bougres ! »

Pendant qu'on armait les forts, pendant

que les régiments qui avaient donné le 16 et le 18 jouissaient d'un repos nécessaire et mérité, l'armée assiégeante s'occupait à établir des batteries sur les hauteurs qui entourent à distance la ville. Pour nous abuser, on permettait à la presse officielle de répandre de fausses nouvelles. Tel journal, à la suite d'un éloge pompeux du maréchal Bazaine (39 ans de services, 70 campagnes !). annonçait que Mac-Mahon était dans notre voisinage, prêt à entrer en ligne ; qu'il arrivait par Montmédy, avec 70.000 hommes et 70 batteries de 12, pour donner la main à Bazaine, qui communiquait secrètement avec lui. Le jour suivant, le même Mac-Mahon, avec 250.000 hommes, avait remporté une grande victoire à Verdun : 35.000 Prussiens avaient été tués, 5 généraux étaient prisonniers ; les ennemis éperdus opéraient un grand mouvement de retraite sur toutes leurs lignes du côté de la frontière ; six longs convois de blessés avaient passé à Faulquemont ; de Mollke, aux abois, était obligé de mobiliser les vieux soldats de la landsturm. Ils ajoutaient, contradictoirement, sans explication, que les Prussiens se dirigeaient sur Châlons par les défilés de l'Argonne. Puis, on conseillait aux Messins de ne pas se préoccuper outre mesure du maréchal Mac-Mahon. Qu'avions-nous à craindre avec des vivres pour trois mois, des arsenaux qui regorgeaient, une vaillante armée de 150.000 hommes (alias 200,000?) Puis, c'étaient des communications anonymes, relatives aux aérostats et aux pigeons, à la création de compagnies franches. On citait l'héroïsme du père Hitter. En effet, ce vieux brave avait déjà tué ou pris plusieurs ennemis; il avait réussi à ramener deux convois de fourrage et d'avoine; et l'autorité militaire lui avait permis de former deux compagnies de volontaires.

Le 26, Bazaine, fidèle à son système, berna l'armée et la ville en faisant croire qu'il était sur le point d'engager un e action importante. Il massa le 4e, le 6e corps et la Garde en avant de Saint-Julien, soi-disant pour forcer le passage; puis, soudain, sous prétexte de mauvais temps, il donna l'ordre aux troupes de rentrer dans leurs cantonnements. Il remplaça la bataille par un conseil à Grimont : les généraux eurent la faiblesse d'y décider que l'armée devait rester sous la forteresse. Du même coup, Bazaine engageait la responsabilité de tous les chefs supérieurs et dégageait ou allégeait la sienne.

Mais aussi, toutes les illusions s'évanouissaient :
les plus aveugles étaient bien forcés de conclure que le maréchal se jouait de leur cré-
dulité, que jamais il ne tenterait un effort sérieux pour s'en aller, et que l'armée du Rhin
était condamnée à l'immobilité et à l'épuisement de ses ressources.

Enfin, la bataille bruyamment annoncée eut
lieu le 31 août : ce fut la première et la dernière tentative « apparente » pour rompre le
blocus.

L'attaque fut dirigée contre les positions
de Noisseville et de Servigny-les-Sainte-Bar-
be. Elle commença à 4 heures du soir : 18.000
hommes furent engagés. Retiens bien ce chiffre.
La lutte dura toute la nuit. Le lendemain, à
midi, nos soldats recevaient l'ordre inattendu
de rentrer au camp. Ce mouvement rétrograde
surprit tout le monde : il excita des cris de
douleur et de rage. Pour calmer l'irritation
générale, on annonça que notre infanterie
avait été admirable, ce qui était exact ; que les
Prussiens étaient en pleine déroute, ce qui
était faux, car les lenteurs calculées leur avaient
permis d'agglomérer des forces considérables.
Nous eûmes la satisfaction d'apprendre que

Lebœuf avait été superbe, Changarnier énergique. Eh bien ! dans de si brillantes conditions, pourquoi s'était-on arrêté ?

Dans son rapport officiel, le maréchal constata que le moral était excellent ; il promit de continuer à faire des efforts !! pour sortir de la situation actuelle. Mais l'ennemi était bien nombreux ! Toujours des contradictions, des faux-fuyants, toujours la même duplicité.

Si tu veux connaître l'homme tout entier, je te citerai les paroles authentiques qu'il prononça dans une conversation avec l'évêque, en présence de témoins honorables, au nombre desquels était l'abbé Villeumier. Il déplora l'imprévoyance de l'État-major, la faiblesse des effectifs et des armements. Il décrivit l'anarchie de la France (qui la lui avait révélée ?). « L'armée de Metz, dit-il, après avoir obtenu une paix honorable, sera seule capable d'assurer à la France la liberté et la tranquillité indispensables à l'établissement d'un gouvernement qui ne lui est pas moins nécessaire que la paix.» Il se déclara prêt à mettre son épée au service du comte de Chambord. » Du reste, ajouta-t-il, je sortirai quand je voudrai et par où je voudrai. » De son aveu donc, il lui était facile,

dans la deuxième quinzaine d'août, de rejoindre
Mac-Mahon et de ramener la victoire de notre
côté. Tu vois que, d'une part, il cherchait à se
disculper et qu'il plaidait les circonstances atté-
nuantes; que, d'autre part, il était agité de
préoccupations exclusivement personnelles, qu'il
prétendait jouer un rôle politique, alors que
son devoir était tout tracé : c'était de marcher
droit à l'ennemi. S'il avait la conviction qu'il
n'y avait rien à faire et s'il ne comptait que
sur la générosité des ennemis, pourquoi affir-
mait-il son intention formelle et la possibilité
de se dégager? S'il était sincère, pourquoi n'a-
t-il pas agi?

Lebœuf, de son côté, eut la naïveté, au palais épiscopal, pour s'excuser, de faire cette
confession dépouillée d'artifice. « Nous n'étions
pas prêts pour une guerre avec toute l'Allemagne. Nous comptions sur le concours de l'Italie
et de l'Autriche. Nous avons été trompés par
la diplomatie. » Un ministre de la guerre, un
membre du gouvernement se souffleter ainsi
lui-même !

XI

Le combat sans résultat de Noisseville hâta
la fin du brave général Decaen. Il avait été
blessé le 14. Quand il apprit les derniers événements, quand il sut que nos troupes s'étaient
encore repliées, son état s'aggrava et il
mourut, non sans avoir flétri Bazaine, qui cependant osa tenir un des cordons du poële avec
Canrobert, Changarnier et Lebœuf : ce dernier prononça l'éloge funèbre.

Pendant ce temps, depuis le 16 août, nous
étions sans nouvelles du dehors. Mais la presse
à gages, toujours inventive, continuait à nous

leurrer par ordre : le fort de Saint-Privat avait demoli un train prussien qui arrivait en gare d'Ars ; des Allemands avaient ete extermines à Montoy-Flanville ; les pièces qui avaient eté prises crachaient, se déformaient promptement et leur tir était inexact ; Mac-Mahon venait enfin nous délivrer ; les Parisiens tenaient bon ; le roi Guillaume avait repassé le Rhin. Puis, c'étaient les indignations classiques sur la deloyauté de nos adversaires qui se servaient de balles explosibles, qui levaient la crosse en l'air pour tromper les nôtres. On accueillait des études savantes et lumineuses sur l'emploi de la baïonnette, sur les feux d'ensemble, sur le rôle de la cavalerie, accompagnées de rodomontades. Quand on était à sec, on se tirait d'affaire en s'écriant : « Point de nouvelles, bonnes nouvelles ! » Mais, en revanche, le Moniteur était frappé d'une suspension de 6 jours pour certaines revelations indiscrètes. Souvent les colonnes s'emplissaient de niaiseries : celui-ci s'indignait de ce que les chevaux parqués dans le Jardin d'Amour rongeaient l'écorce des arbres; celui-là traitait avec feu la question vitale du tabac à fumer. Et note bien que les feuilles etrangères arrivaient à Metz, je ne sais comment, à profusion ; mais on se gardait bien de les communiquer.

Enfin, vers le 7 septembre, 600 prisonniers français ayant été rendus à la suite d'une convention d'échange, l'un d'eux dit que l'armée de Mac-Mahon (300.000 hommes !) avait été victorieuse un jour, mais que le lendemain de Failly s'était laissé surprendre et battre. L'Etat-major n'en persista pas moins à assurer que tout allait bien sur la Meuse. Pour attester la sécurité, l'ouverture des portes fut rétablie de 5 heures du matin à 7 heures du soir.

Les officiers, contraints à l'inaction, arrivaient de bonne heure en ville pour se procurer des vivres, pour visiter leurs camarades dans les ambulances, pour se distraire et pour s'enquérir de ce qui se passait. Ils interrogeaient avidement les bourgeois, qui n'en savaient pas plus qu'eux, et qui les questionnaient eux-mêmes sans plus de succès. Tu ne peux te figurer l'énervement d'une multitude ballottée sans cesse par les alternatives d'espoir et de découragement, aigrie par les démentis perpétuels des rumeurs favorables toujours et trop promptement accueillies, exaspérée par la torpeur et le flegme de l'Homme qu'on voyait, au rez-de-chaussée de la maison Herbin, faire sa partie de billard.

Un soir, les assiégeants, par un temps affreux, ouvrirent le feu sur les forts : nos artilleurs ripostèrent avec vivacité. Pendant une heure, ce fut une canonnade furieuse. Les officiers permissionnaires se hâtèrent de regagner les cantonnements. Un certain nombre, qui étaient logés du côté des Bordes, trouvèrent la porte des Allemands fermée. Un colonel somma impérieusement le portier-consigne de leur faire passage. « Mon colonel, je regrette de ne pouvoir vous obéir ; mais j'ai des instructions formelles : je ne puis ouvrir que sur un ordre signé du maréchal Bazaine ». Ils furent obligés de rebrousser chemin. Ils passèrent la nuit en proie à la plus vive anxiété sur le sort de leurs hommes restés seuls. Le feu cessa subitement. On sut plus tard que ce simulacre avait eu pour but de persuader à des colonnes de prisonniers, qui passaient à ce moment en vue, que le bombardement de Metz était commencé.

Le 12 septembre, l'*Indépendant de la Moselle* publia de graves nouvelles. Une « grande bataille s'était livrée autour de Sedan ; le maréchal Mac-Mahon avait été vaincu et blessé

l'empereur s'était rendu ; le général de Wimpf-
fen avait signé une capitulation qui livrait à
l'ennemi 100.000 hommes et 500 canons ; une
révolution avait éclaté à Paris ; on avait proclamé la déchéance de l'empire ; un gouvernement provisoire, qui avait pris le nom de
gouvernement de la Défense nationale, s'était
installé sous la présidence du général Trochu.

Le 13, une proclamation, signée du général
Coffinières, du préfet de la Moselle Paul Odent
et du maire Félix Maréchal, informait les habitants de ces faits ; elle les exhortait à ne
songer qu'à la défense de la cité et de la France;
une résistance énergique permettrait au nouveau gouvernement de créer les moyens de
sauver la patrie. Mais, en même temps, elle
consternait le public et les militaires en les
avertissant que l'armée ne s'en irait pas.

Un Conseil d'officiers généraux se réunit au
Ban-Saint-Martin : le résultat de ses délibérations fut tenu secret. Un parlementaire se rendit aux avant-postes ennemis : on ignora le but
de sa mission.

Le 15, un brigadier du train du génie, qui
s'était sauvé d'Ars-sur-Moselle où il était prisonnier, apporta un numéro du *Volontaire* du

10 septembre, qui donnait les détails les plus précis. Il contenait aussi le texte d'un décret du 8 septembre, qui convoquait les collèges électoraux pour le 16 octobre, à l'effet d'élire une Constituante de 750 membres, et une circulaire de Jules Favre, ministre des affaires étrangères, qui informait les agents diplomatiques de la déchéance de Napoléon III et de sa famille, au nom du droit, de la justice et du salut public.

Tu seras sans doute étonné d'apprendre que, malgré la triste réalité, il se trouva encore des gens pour regarder comme impossible un désastre complet : ils refusaient obstinément d'y ajouter foi. En tout cas, Metz dévorerait l'armée qui l'investissait. On démontrait que l'armée allemande, « qui était à l'origine de 800.000 hommes, était réduite à 480.000, défalcation faite de 120.000 qu'elle avait perdus et des 200.000 qui étaient immobilisés par Bazaine. » Conclusion : succès final !

Bazaine, fort bien renseigné d'ailleurs, se décida à adresser un ordre du jour à l'armée du Rhin. « Nos obligations militaires envers « la Patrie, disait-il, restent les mêmes. Con- « tinuons à la servir avec le même dévouement

« et la même énergie, en défendant son terri-
« toire contre l'étranger, l'ordre social contre
« les mauvaises passions ! »

Toujours il est hanté de l'ambition d'être le
sauveur de la société qui ne lui demandait
pas de la sauver. Voilà bien un des personnages du régime impérial ! L'ordre ! ils n'avaient
que ce mot à la bouche. Il est évident qu'il est
bien plus aisé de réduire et de mitrailler des
bandes mal armées ou sans armes, que de combattre des adversaires nombreux, bien organisés, bien pourvus et bien commandés.

XII

C'est à ce moment que se posa la question si
essentielle de l'alimentation. Tout d'abord, il
faut observer que la population de Metz, laquelle
ne dépassait pas, en temps ordinaire, 48.000
âmes, s'était elevée à 70.000 au moins, à cause
de l'affluence des campagnards qui, dès le 10
août, étaient venus chercher un refuge dans
nos murs ; la garnison, dont l'effectif normal
était environ de 10.000 hommes, devait être
portée à 20.000 après la déclaration de la guerre :
ce qui, sans les blessés et les malades, donnait
un total de 90.000 bouches à nourrir, soit avec

la réserve de grains dont pouvait disposer M. Bouchotte, le fermier des moulins, soit avec les 15.000 quintaux qui se trouvaient dans les greniers des particuliers, soit avec les ressources des magasins, abondamment pourvus, de l'intendance. Mais les prévisions furent bien dépassées, quand l'armée de Bazaine, qui devait quitter les campements de Metz, revint, après le 18, s'installer dans l'enceinte de la place. Il fallait, dès lors, lui réserver sa part, la part de 150.000 bouches de plus, dans les approvisionnements.

En vain, après l'affaire de Forbach, lorsqu'on put prévoir le prochain investissement, M. Maguin, membre du conseil général de la Moselle, président du Comice agricole de l'arrondissement, avait-il supplié le général Coffinières d'adresser une circulaire aux habitants de la campagne pour les engager à amener à Metz leur bétail et leurs denrées. Le général répondit qu'il ne fallait pas alarmer les populations, que la situation était loin d'être mauvaise, que toutes les mesures nécessaires étaient ou seraient prises. Une démarche auprès du grand état-major général n'eut pas plus de succès. « L'ennemi, répondit-on avec une superbe confiance, ne s'arrêtera pas devant la ville ; il la tournera pour marcher sur Paris. Du reste, les approvisionnements de la place et de l'armée sont suffisants. » C'est ainsi qu'on refusa 300 moutons offerts par M. Rollet, de Thiaucourt.

Un avis du préfet aux maires des communes les invita à faire conduire leur bétail sous le canon des forts : on devait assigner certains emplacements. Mais l'avis ne parvint pas à temps dans les communes, et les emplacements ne furent point préparés. M. Grandidier, de Loyville, se présentant près du fort de Queuleu avec 7 chariots de fourrage et 35 bêtes à cornes, reçut la défense de stationner et fut obligé de s'en retourner chez lui. M. Maguin, cultivateur à Mécleuves, se vit enlever sur la route 12 animaux par les uhlans, qui osaient apparaître à portée de nos canons, pendant que notre cavalerie encombrait, inutilisée, les places et les abords de la ville. Vingt sacs de farine furent enlevés à Montigny, sur la voie ferrée, et 12 fantassins allemands, le 25 août, brûlèrent entre le fortin Saint-Privat et la place, la ferme de Saint-Ladre qui renfermait d'assez grandes quantités de foin et de blé en gerbes. L'autorité militaire, avertie que plusieurs au tres fermes contenaient toute la récolte, ne daigna pas s'en soucier : l'ennemi ne tarda pas à les piller. Donc, par incurie, par légèreté, comme par gaieté de cœur, on préparait la disette, on diminuait la durée de la résistance, on détruisait toutes les chances de succès. « On croirait, disaient les pessimistes, que le dessein du maréchal est de nous faire mourir de faim. »

Les fourrages s'étant épuisés, on fut forcé de recourir à une mesure extrême, c'est-à-dire de mélanger le blé et le seigle pour nourrir les chevaux. Dès le 15 septembre, la ration de pain des soldats fut réduite à 500 grammes. Ils vinrent en foule acheter du pain en ville. Pour mettre un terme aux désordres et aux rixes qui se produisaient aux portes des boulangeries, on défendit aux militaires l'entrée de Metz avant midi, heure à laquelle les boulangeries se fermaient. On fut contraint enfin d'en venir au système des cartes. Après un recensement général et détaillé, on attribua à chaque habitant, suivant son âge, une carte avec son nom et l'indication d'un boulanger déterminé : les adultes recevaient une ration entière (500 grammes); les enfants de 4 à 12 ans, une demi-ration; ceux de 1 à 4 ans, un quart. Plus tard, la ration entière descendit successivement à 400 et à 300 grammes. Cette mesure permit d'arriver sans trop de gêne à la fin du mois de septembre.

La viande de cheval avait fait son appparition sur les étaux des bouchers et était devenue la ressource des petits ménages. Elle remplaça, pour les familles aisées, la viande de boucherie, quand celle ci coûta 6 fr. la livre.

Les conduites qui amenaient l'eau des sources de Parfondval et des Bouillons près Gorze, furent coupées par les assiégeants : nous dûmes nous contenter des sources secondaires, peu abondantes, et de l'eau de la Moselle.

Enfin la pénurie du sel fut bientôt presque absolue. On en fabriqua en traitant le carbonate de soude par l'acide chlorydrique. Dans la propriété Sendret, entre le village de Saint-Julien et le fort Belle-Croix, existait une source d'eau faiblement salée, dont le propriétaire fit don spontanément. Les habitants furent prévenus qu'ils pouvaient s'y approvisionner tous les jours, de 5 h. à 6 h. du matin, de 5 h. à 7 h. du soir. Les autres heures de la journée furent réservées aux militaires. On ne tira de cette

eau aucun profit sérieux : elle donnait la diar-
rhée.

Ainsi, pour résumer, rien ne fut préparé, rien
ne fut organisé en vue d'une défensive longue
et énergique. Bazaine semblait donner raison à
ceux qui soutenaient que son seul but était d'af-
famer la ville et l'armée, et de rendre une capitulation nécessaire. Ce qui confirmait cette
opinion, c'est qu'il prenait à tâche de découra-
ger et d'éconduire les sacrifices et les dévoue-
ments : ses partisans et ses admirateurs eux-
mêmes ne pouvaient s'empêcher de le reconnaître et de l'en blâmer. Des citoyens offrirent
des sommes considérables pour récompenser
les exprès qui se présenteraient pour porter des
dépêches au dehors ou pour aller chercher des
nouvelles ; un officier supérieur d'état-major
en retraite proposa de traverser les lignes ennemies à ses frais et à ses risques ; le maréchal leur opposa à tous un refus net ou les ac-
cueillit avec froideur.

XIII

Bien qu'on ne cessât de multiplier les ouvrages et d'établir des batteries autour de la ville, les hostilités furent, pour ainsi dire, complètement suspendues jusqu'à la fin du mois de septembre. La surveillance, aux avant-postes, s'était singulièrement relàchée. Il est évident que des instructions confidentielles avaient été données par le haut commandement, et l'on peut hardiment affirmer qu'il fut défendu à nos soldats de tirer. Voici un fait dont je te garantis l'exactitude. Un jour, un maréchal-des-logis d'artillerie, laissé seul à la garde de deux pièces établies le long du chemin de fer de Forbach, voyant un va-et-vient perpétuel autour d'une ferme, eut l'idée d'envoyer sur le bâtiment principal deux obus qui pratiquèrent dans le pignon une large ouverture. Aussitôt, on vit sortir une foule de Prussiens effarés, comme une nuée de rats. Le sous-officier fut blâmé et puni.

Il y avait donc comme une trève tacite, démoralisante. De tous côtés, par exemple à Jussy, assiégeants et assiégés se rapprochèrent et fraternisèrent : des Allemands offrirent à nos troupiers de la boisson et des vivres qu'ils avaient en abondance.

Puis, on ne perdait pas l'occasion d'alarmer la population et les défenseurs. On représentait les positions des ennemis comme inexpugnables ; on exagérait la force de l'armée d'investissement. Le général Coffinières faisait croire à un bombardement prochain : il fut ordonné de tenir les pompes prêtes et d'avoir des barils toujours pleins d'eau en prévision des incendies. Et cependant l'ennemi n'avait pas de parc de siège, et ses lignes les plus avancées étaient loin des forts.

Ah ! Bazaine et les siens étaient d'habiles psychologues. Et dire que l'espèce des naïfs n'était pas encore tout à fait éteinte ! Je me souviens d'avoir lu un article emphatique où l'on prodiguait au gouverneur les éloges et les encouragements, où l'on établissait un parallèle entre lui et le duc de Guise.

Cependant, des braves, n'écoutant que leur patriotisme, continuaient à faire stoïquement leur devoir. Le père Hitter s'illustrait chaque jour par de nouveaux exploits ; des éclaireurs volontaires attaquaient et mettaient en fuite les Prussiens à Woippy.

C'est à cette époque que se place un incident bizarre. Un aventurier, nommé Regnier, émissaire de Bismarck, fut reçu en cachette par le maréchal, qui, par son intermédiaire, eut l'impudeur de régler avec l'état-major allemand l'envoi du général Bourbaki auprès de l'ex-impératrice. Bourbaki était gênant à cause de sa loyauté et de sa pétulante ardeur : il ne cessait de réclamer une prompte et sérieuse action. Comme il le disait pittoresquement, il voulait se donner de l'air et s'en aller par la vallée de la Seille. Le maréchal Bazaine s'en débarrassa en le dépêchant à Eugénie, sous prétexte de mission politique. L'impératrice fut très surprise de voir arriver Bourbaki qu'elle n'attendait pas. Celui-ci comprit qu'il avait été indignement joué par son chef. Ne pouvant rentrer à Metz, il alla noblement offrir ses services au gouvernement de la Défense nationale.

L'armée se plaignait bruyamment de ne rien faire. Le maréchal, craignant que le mécontentement ne s'exaspérât et ne dégénérât en fureur et en mutinerie, donna un semblant de satisfaction à de généreuses impatiences, et, malgré lui, prescrivit quelques attaques sur différents points. Telle fut l'affaire de Peltre, le 26 septembre.

L'infanterie s'établit avant le jour près de la Basse-Bévoye ; protégée par l'artillerie, elle descendit les pentes et ouvrit le feu avec vivacité. Pendant ce temps, deux locomotives blindées étaient parties de Metz : l'une remorquait vingt wagons remplis de chasseurs à pied ; sur l'autre était monté l'ingénieur Dietz, avec quelques hommes résolus. A Peltre, les chasseurs sautèrent sur la voie et attaquèrent les ennemis qui firent une médiocre résistance : quatre régiments plièrent et battirent précipitamment en retraite, abandonnant de nombreux prisonniers et semant cartouches, casques, sacs et fusils. L'intrépide Dietz avait le dessein de pousser jusqu'à Courcelles, pour accrocher un train prussien qui lui avait été signalé ; mais des madriers étendus en travers sur les rails l'empêchèrent de passer outre. Nos soldats ramenèrent des moutons, des bœufs et des porcs. Le soir, les Allemands, revenus à Peltre, chassèrent les habitants et brûlèrent le village, à l'exception de quelques maisons et de l'église, qui, du reste, peu de temps après, fut à son tour livrée aux flammes.

On opéra de même sur Mercy-le-Haut, sur Colombey, sur Woippy, sur la ferme de Sainte-Agathe et d'autres localités. Mais on n'engageait que des forces tout à fait insuffisantes ; on sonnait la retraite au moment où nos braves troupes montraient le plus d'ardeur, sous prétexte que d'imposantes masses ennemies se concentraient. Puis un rapport officiel constatait que l'offensive était manifestement impossible. De la sorte, on préparait la justification de l'inertie systématique et du dénouement.

Ces entreprises furent loin d'être aussi fructueuses qu'elles auraient dû l'être : les résultats ne répondaient pas aux sacrifices.

Invariablement, les Prussiens, quand le terrain conquis était évacué, procédaient à des exécutions. C'est ainsi que des châteaux comme celui de Ladonchamps, des maisons de Jury, des fermes considérables comme celle de Franclochamps, les bâtiments des Maxes, abandonnés avec leurs richesses, furent incendiés.

A Crépy, on faillit faire une belle prise, celle de tout un train allemand de marchandises et d'un troupeau de deux cents bœufs. Mais un espion fît manquer le coup en criant : « Aux armes ! les Français ! » Ce misérable fut saisi et condamné à mort. Le château de Crépy fut détruit.

Ces simulacres grossiers ne donnaient pas le change à tout le monde. Une adresse, qui exprimait en termes éloquents les alarmes et les vœux de la cité, fut présentée par messieurs Sturel et Michel au maire, monsieur Félix Maréchal. « L'armée, y disait-on, est capable de
« grandes choses, mais il faut qu'elle les fasse.
« Les chevaux, faute de nourriture, disparaîtront
« bientôt. Le froid, la pluie et les maladies
« pourraient entraver toutes les opérations. La
« faim peut égarer les esprits, occasionner des
« conflits regrettables et terribles. L'insuccès
« lui-même vaudrait mieux que l'inaction. Le
« simple bon sens démontre clairement que

« des entreprises énergiquement et rapidement
« conduites peuvent amener de grands résultats.
« Il faut que le commandement fasse preuve
« de cette autorité et de cette décision qui s'im-
« posent et produisent la victoire. »

Cette adresse passa de main en main, et, en
moins de deux jours, elle fut signée par 800
habitants qui appartenaient aux opinions politiques et aux conditions sociales les plus di-
verses.

Le maire se rendit le 30 septembre au quartier général du Ban-Saint-Martin, pour communiquer cette adresse au commandant en
chef de l'armée du Rhin. En arrivant, il aperçut
le général Coffinières de Nordeck, qui, dans
dans l'allée du jardin, attendait le départ du maréchal Lebœuf, alors en conférence avec Bazaine. Coffinières recommanda au maire les
plus grands ménagements. Le maire promit
de respecter des susceptibilités qu'il concevait
fort bien, mais il déclara qu'il ne saurait dissimuler les sentiments et les desirs de ses admi-
nistrés. L'officier de service introduisit M. Félix Maréchal. Bazaine le reçut avec une courtoisie étudiée, et, fixant un regard perçant sur
l'adresse et les feuilles de signatures, prit la pa-

role. Il dit d'abord que le campement actuel n'était pas de son choix, qu'on le lui avait assigné dans un intérêt dynastique ; qu'il eût préféré, pour des intérêts stratégiques (et il en appela au témoignage du général présent, qui s'inclina), s'établir sur le plateau de Haye. Il avoua qu'il avait reçu plusieurs lettres anonymes ou pseudonymes où on lui démontrait la nécessité d'une trouée. Il fit remarquer que, dans le but de s'y préparer et de la tenter, il avait déjà organisé plusieurs opérations importantes, qui n'avaient eu d'autre résultat que des pertes très sensibles. Il insista sur les sacrifices sanglants que coûterait cette trouée tant réclamée, sur l'impossibilité d'emporter le matériel et les vivres, et de fixer une direction à l'armée. « On a parlé, ajouta-t-il, de secourir l'Alsace et Strasbourg: on ignore que Strasbourg vient de capituler et que les troupes allemandes ont pris possession de la ville mercredi dernier. »

Le maire protesta qu'il n'avait pas la prétention de discuter des questions qui étaient hors de sa compétence, mais il exalta avec chaleur le patriotisme et le dévouement de ses concitoyens. Il termina en se plaignant du silence gardé sur le récent malheur et sur la plupart des événements en général. Le maréchal affirma sans sourciller qu'il avait toujours fait connaître la vérité ! Et le timide monsieur Félix Maréchal n'eut pas le courage de riposter : « Mais, monsieur le maréchal, vous venez de vous infliger vous-même un démenti ! »

Tel fut cet entretien, qui, comme tu le vois, ne révéla et ne trancha rien, ou, du moins, qui démontra le peu de confiance qu'on pouvait avoir dans le commandant en chef de l'armée du Rhin.

Une conspiration s'ébaucha, soit pour contraindre Bazaine à agir, soit pour le déposer. Il est certain que, si, à ce moment, un général avait pris la tête du mouvement, s'il avait rallié autour de lui soldats et officiers, qui tous repoussaient avec horreur la honte d'une capitulation, s'il avait sévi contre tous les coupables, l'armée, la ville, la France peut-être étaient sauvées. La plupart des chefs l'auraient secondé. Mais personne n'osait jouer lui-même ce rôle. On voyait l'abîme, et on s'y laissait entraîner.

Le gouverneur aurait dû parler haut; mais son principal souci était de surveiller la pres-

se, de modifier ou de supprimer tous les arti-
cles et toutes les correspondances qui pouvaient
froisser ou inquiéter l'hôte toujours invisible
de la maison Herbin, en un mot, de paralyser
tous les élans généreux et patriotiques.

Pourquoi Bazaine, dès le commencement
d'octobre, ne jeta-t-il pas le masque? pourquoi
ne laissa-t-il pas voir des desseins que beaucoup pénétraient, que le reste craignait de de-
viner ? Le temps n'était pas venu. Les troupes,
malgré leur situation précaire et leur détresse,
étaient encore capables d'un effort vigoureux,
dont il ne voulait pas. L'heure du découragement, de l'impuissance physique et morale n'a-
vait pas encore sonné.

Pour continuer la sinistre comédie, on simula
aux avant-postes des engagements sérieux.
Feinte atroce puisqu'on versait le sang avec
insouciance, alors qu'on était bien décidé à ne
pas pousser plus avant! Ainsi, le chalet et la
sapinière de Lessy, attaqués avec impétuosité,
furent abandonnés par les ennemis. Les Prussiens furent définitivement expulsés de Ladonchamps et des Maxes. Un retour offensif qu'ils
firent sur Lessy leur coûta 300 prisonniers. Un
combat assez vif eut lieu du côté de Chatel-

Saint-Germain. Le village de Sainte-Ruffine fut bombardé. Trente francs-tireurs de la division Castagny tuèrent vingt ennemis et en prirent sept en avant du fort de Queulen. Dans la plaine de Thionville, les fusils, les canons et les mitrailleuses firent rage. Des maisons d'Olgy et de Charly furent brûlées. Les Prussiens essayèrent de reprendre la position de Ladonchamps qu'ils criblèrent d'obus : notre artillerie fit avorter toutes leurs tentatives. Ils tentèrent aussi, mais vainement, d'incendier la ferme des Grandes-Tapes.

Le 7, sous prétexte de donner la main à la garnison de Thionville, on engagea une opération à laquelle prit enfin part la Garde, qui se plaignait qu'on ne se servît pas d'elle.Elle commença à 1 heure de l'après-midi, avec des forces très restreintes. Les assiégeants, toujours bien informés, se tenaient prêts. La ligne de combat s'étendit de Ladonchamps et de Fèves jusqu'à Nouilly et Noisseville. Nos admirables soldats, électrisés et convaincus que le but final était proche, se comportèrent avec la fougue et la vaillance des premiers jours. Ils refoulèrent vigoureusement les ennemis et leur firent 548 prisonniers. Malgré l'infériorité numérique et l'insuffisance d'artillerie (les chevaux d'attelage manquaient), on occupa les Grandes-Tapes, dont les greniers étaient remplis. Mais Bazaine, à l'ordinaire, fit sonner la retraite : nous avions perdu plus d'un millier d'hommes pour rapporter quelques gerbes et quelques bottes de foin. Le soir, la cavalerie prussienne, qui attaqua Ladonchamps, fut vivement ramenée. Le lendemain, les Allemands cherchèrent à reprendre Amelange et les Tapes : ils essuyèrent un nouvel échec.

La fureur contre le maréchal Bazaine devint d'autant plus grande que, cette fois, on avait la certitude qu'il ne voulait pas utiliser la bonne volonté de tant de braves gens. Alors que des défaillances eussent été bien excusables, ils faisaient preuve d'un entrain et d'un acharnement incroyables. Le docteur Grandjean, de Semécourt, qui fut de loin spectateur d'un engagement, vit toute une compagnie de fantassins ennemis couchée, immobile, dans les champs, près du chemin de fer. Il crut d'abord qu'ils se dissimulaient pour attendre leurs adversaires. Ils ne se relevèrent jamais. Tous étaient tombés en quelques minutes sous le feu des chasseurs à pied. Des Prussiens cernés dans les salles basses des Tapes par des voltigeurs demandèrent pardon et crièrent qu'ils se rendaient : « Compte là-dessus, mon vieux, répondaient les nôtres, surexcités : pour que tu viennes manger nos vivres! » Et ils les lardèrent à coups de baïonnette.

Dans la ferme d'Amelange étaient cantonnés des soldats de la landwehr. De peur d'être surpris (car il faut remarquer que ces terribles Prussiens vivaient dans des transes continuelles et étaient toujours sur le qui vive), ils avaient cloué des échelons le long d'un peuplier, au haut duquel un guetteur était toujours en vigie. Dès qu'il apercevait, du côté de Metz, les pantalons rouges se répandre dans la plaine, il donnait l'alarme. Le chef, brave bourgeois très pacifique, ne demandait que sa tranquillité. Lors de la dernière affaire, il partit avec ses hommes. Le fermier Choné le vit revenir le soir, la tête nue, les yeux rouges, furieux à la fois et désespéré. En arrivant, il cria à Choné : « Tenez, voilà ce que vos canailles de Français ont fait de mes soldats! » Et il désigna une trentaine d'éclopés qui le suivaient. En même temps, il déchargea un coup de sabre sur le banc de pierre, qu'il écorna. « Que va-t-on me dire, à mon retour au pays ? » hurlait-il, fou de douleur.

Du 8 au 13, au milieu des éclairs et du fracas des tempêtes, les canons ennemis tonnèrent encore contre Ladonchamps ; le Saint-Quentin tira sur Frescaty, Ars et Jouy ; le fort de Queuleu, vers Chesny ; puis tout se tut. En vain un garde-mobile, venu de Thionville, annonça que jusqu'à Richemont il n'y avait plus d'ennemis et que la petite place était abondamment approvisionnée. Si l'on excepte quelques faits d'armes, brillants sans doute, mais insignifiants, vers les Bordes, Noisseville, Frescaty et Jouy, dernières lueurs d'un feu qui s'éteignait, on ne tenta plus rien. Le râle commença.

XIV

Dès le 7, le maréchal Bazaine avait adressé
à tous les membres du conseil de guerre une
lettre confidentielle dont voici le résumé. « Le
« moment approche, disait-il, où l'Armée du
« Rhin se trouvera dans une position singuliè-
« rement difficile, à cause des complications
« produites tant par les événements politiques
« et militaires du dehors que par le problème
« de l'alimentation des hommes et des chevaux.
« Le devoir d'un général en chef est de ne
« rien laisser ignorer aux commandants des
« corps d'armée placés sous ses ordres, de s'é-
« clairer de leurs avis et de leurs conseils

« (pourquoi l'a-t-il fait si tard ?). Placé plus
« immédiatement en contact avec les troupes,
« chacun de vous sait certainement ce qu'il
« peut attendre d'elles. Avant que je prenne un
« parti décisif, veuillez me faire connaître par
« écrit, après en avoir conféré avec les géné-
« raux de division, votre opinion personnelle
« et votre appréciation motivées. Dès que j'au-
« rai pris connaissance de ce document, je
« vous appellerai de nouveau dans un conseil
« suprême, d'où sortira la solution définitive
« du sort de l'armée dont Sa Majesté l'Em-
« pereur m'a confié le commandement. Je vous
« prie donc de me faire parvenir, dans les
« quarante-huit heures, l'opinion que j'ai l'hon-
« neur de vous demander et de m'accuser ré-
« ception de la présente dépêche. » Je m'in-
terromps pour te prévenir que ces faits et tous
les suivants ne furent connus du public que
beaucoup plus tard.

Le 8, en vertu de cette circulaire abomina-
blement adroite et perfide, les commandants
de corps d'armée réunirent chez eux les divisionnaires : ils les informèrent que l'armée n'a-
vait plus que pour huit jours de vivres, à un
tiers de ration par jour; que la ville de Metz

en avait tout au plus pour dix jours ; qu'il fallait prendre un parti avant l'épuisement total des provisions de bouche ; mais ils ne purent cacher que l'artillerie et l'infanterie disposaient encore d'une quantité suffisante de munitions pour livrer bataille.

Les divisionnaires du 6ᵉ corps (pour ne pas parler des autres), les généraux Tixier, Bisson, La Font de Villiers, Levassor-Sorval et du Barail proposèrent la capitulation suivante :

« N'ayant plus de vivres, l'armée de Metz « consentirait à capituler, à condition qu'elle « rentrerait en France avec drapeaux, armes et « bagages, pour se retirer dans une ville du « midi, s'engageant à ne pas servir contre la « Prusse pendant le reste de la campagne, et « que la ville de Metz serait libre de conti- « nuer sa défense. Si ces conditions n'étaient « pas acceptées, il n'y aurait plus qu'à s'ou- « vrir un passage, les armes à la main, et à se « faire tuer plutôt que de se rendre. »

Ce procès-verbal signé fut remis au maréchal Canrobert, pour être transmis au maréchal commandant en chef.

Le lendemain même, le général Bisson adressa à Canrobert, avec prière de la communiquer à Bazaine, la proposition suivante :

« On formerait une avant-garde composée
« de 6 bataillons de chasseurs à pied et des
« éclaireurs de l'armée, total : 10.000 hommes.
« A la tête de cette force, il se chargeait de
« frayer le chemin à l'armée, en s'emparant
« des hauteurs boisées qui vont presque jus-
« qu'à Thionville, longeant la rive gauche de
« la Moselle. Par ce moyen, on tournerait les
« batteries ennemies établies à Saulny, Norroy,
« Fèves et Semécourt. L'armée passerait au-
« dessous des bois, éviterait l'artillerie placée
« sur la rive droite de la Moselle, et n'aurait à
« se défendre qu'à l'arrière-garde. Culbutant
« les faibles lignes des Prussiens dans la val-
« lée, on pourrait, dans la journée, gagner
« Thionville ; de là, se diriger sur Mézières en
« longeant la frontière, et au pis aller, se jeter
« dans le Luxembourg. »

Bazaine ne daigna pas répondre.

Le conseil de guerre fut convoqué pour le
10. Il était composé de la manière suivante :
le maréchal Bazaine, le maréchal Canrobert, le
maréchal Lebœuf, le général Frossard, le général de Ladmirault, le général Desvaux, le général Soleille, le général Coffinières de Nordeck, l'intendant Lebrun, le général Changar-

nier. Voici les questions qui furent posées et les réponses qui furent faites :

1° L'Armée du Rhin doit-elle tenir sous les murs de Metz jusqu'à l'entier épuisement de ses ressources alimentaires ? — Oui, à l'unanimité.

2° Doit-on continuer à faire des opérations autour de la place pour essayer de se procurer des vivres et des fourrages ? — Non, à l'unanimité.

3° Peut-on entrer en pourparlers avec l'ennemi pour traiter d'une convention militaire ? — Oui, à l'unanimité.

4° Doit-on tenter le sort des armes et chercher à percer les lignes ennemies ? — On décida à l'unanimité que, si les conditions de l'ennemi portaient atteinte à l'honneur militaire, on essayerait de se frayer un chemin par la force, avant d'être réduit par la famine, et tandis qu'il restait la possibilité d'atteler quelques batteries. Il fut donc convenu et arrêté :

1° Que l'on tiendrait sous Metz le plus longtemps possible ;

2° Que l'on ne ferait pas d'opérations autour de la place, le but à atteindre étant plus qu'improbable ;

3° Que des pourparlers seraient engagés avec l'ennemi, dans un délai qui ne dépasserait pas quarante-huit heures, afin de conclure une convention militaire honorable et acceptable ;

4° Que, dans le cas où l'ennemi voudrait imposer des conditions incompatibles avec l'honneur et le sentiment du devoir militaire, on tenterait de forcer le passage les armes à la main.

Signèrent : les maréchaux Bazaine, Canrobert, Lebœuf ; les généraux de Ladmirault, Soleille, Coffinières de Nordeck, et l'intendant en chef Lebrun.

En outre, le Conseil fut d'avis que le général Boyer serait envoyé à Versailles pour demander que l'Armée du Rhin fût autorisée à se retirer dans une ville de l'intérieur de la France.

Ainsi donc, on abandonnait la lutte ; on sacrifiait Metz avec désinvolture ; on avouait le désir d'en finir au plus tôt ; quant à l'article 4, c'était une bravade ridicule, une simple phrase sans valeur.

On prétendit que Coffinières s'était d'abord montré très résolument opposé aux machinations de Bazaine, qu'il avait devinées ou que ce dernier lui avait laissé entrevoir. « Tout arrangement, aurait-il dit, est impossible avant une lutte suprême. Je ne suis pas d'avis de restaurer l'Empire par les baïonnettes françaises et prussiennes. Il n'est pas admissible que les Prussiens nous laissent entrer en France pour rétablir l'ordre. S'il y a eu des ouvertures du roi de Prusse, comme on le prétend, elles ne peuvent être qu'un leurre pour nous amener à l'épuisement total de nos ressources. » Tant mieux si Coffinières a tenu ce langage, mais quelle contradiction entre les paroles et les actes ! Et pourquoi a-t-il signé l'arrêté précédent?

Pendant ce temps, les fausses nouvelles et les conjectures extraordinaires allaient toujours leur train. Les journalistes contaient imperturbablement à leurs lecteurs que 13 cuirassés avaient passé à la hauteur de Douvres, filant vers l'Est; que 12.000 Prussiens avaient été tués à Villejuif et à Clamart ; que l'armée allemande, démoralisée par deux défaites à Montrouge et à Étampes, avait levé le siège de Paris et était déjà à Châlons. Le chancelier serait disposé à traiter avec une représentation nationale : même la Constituante devait se réunir le 20 du mois. Les francs-tireurs causaient une peur horrible aux Prussiens. Un bataillon de turcos avait débarqué à Toulon avec un drapeau qui portait cette inscription flamboyante : Bataillon de la Vengeance. « Si les Prussiens « ne veulent pas que nous sachions ce qui se « passe à Paris, c'est que tout va bien. Les « soldats du duché de Posen sont très mécon- « tents et se plaignent amèrement d'être tou- « jours en première ligne. Le bruit court que « les Allemands ont été vainqueurs à Nompa- « telize : cet événement, s'il est certain, est « sans doute fâcheux, mais il prouve du moins « que la résistance est organisée dans les Vos- « ges. Thiers fait une tournée diplomatique : « il a quitté Vienne pour aller à Florence. La situation est excellente en province, à Belfort.» Et, pour le bouquet, le vœu national faisait un pompeux éloge du maréchal Bazaine, « qui inspire un vif sentiment de terreur aux enne- mis ». Voilà, pêle-mêle, les billevesées navran- tes avec lesquelles on se jouait de nous.

Depuis quelque temps, certaines rumeurs sur des intrigues mystérieuses et même des entrevues personnelles de Bazaine avec le quartier-général prussien circulaient dans le public et commençaient à prendre de la consis- tance. Je t'avoue que moi-même je ne pus

d'abord me résoudre à y attacher de l'impor-
portance. Sans doute, Bazaine était à bon droit
suspect. Mais comment supposer qu'un maréchal de France fût indigne au point, je ne dirai pas de songer à tout autre chose qu'à son
pays, mais de traiter à l'insu de tous avec
les ennemis ? Cependant, voici ce qui m'a été
confirmé. Le jardinier de M. Marchal de Corny,
qui avait fait la campagne du Mexique, assura
(à quelle date ? je ne m'en souviens pas) qu'il
avait vu de ses propres yeux au château, le
maréchal en bourgeois. Ce qu'il y a d'incontestable, c'est ce qui se passa une fois au moins
aux avant-postes de Moulins. On fit retirer les
soldats qui étaient de grand'garde. Quelques
instants après, passa, venant de Metz, un landau fermé, où quelqu'un se dissimulait soigneusement, et qui se dirigea vers Ars-sur-Moselle.
Quand, plus tard, le landau eut repassé, on
replaça les sentinelles. Grâce à une indiscré-
tion d'un officier qui vit encore, on sut que le
voyageur était le maréchal Bazaine en personne : les notables du village ont attesté le fait.

Un dimanche, je me promenais avec mon
père sur l'Esplanade. Pendant que nous con-
templions le célèbre panorama de la vallée de

la Moselle et ce fort Saint-Quentin où flottent à présent les couleurs allemandes, un vieux monsieur décoré s'approcha de nous, et, après avoir serré la main à mon père, entama le sujet invariable de toutes les conversations.Comme il accusait formellement le maréchal d'une entente criminelle avec le prince Frédéric-Charles, révolté, je protestai. « Monsieur, me dit-il sévèrement, je suis conseiller à la cour d'appel : quand j'affirme quelquechose, c'est que j'en suis sûr. » Au reste, le peuple en majorité, avait son opinion toute faite : pour lui, depuis longtemps, le maréchal était le traître Bazaine. Je te montrerai, au Ban-Saint-Martin, un arbre sur lequel est gravée la lettre B : il est désigné pour le supplice de l'Homme.

XV

Bien qu'il eût été interdit aux journaux de
mentionner le départ et la mission du général
Boyer, le bruit s'en était répandu. La vive in-
quiétude produite par la privation de toutes
nouvelles, par le silence obstiné du commandement en chef, par l'inaction inexplicable de
l'armée, s'accrut encore. Les esprits étaient surexcités. Il y eut des réunions publiques tumul-
tueuses, des rassemblements populaires. On
proposa de marcher sur l'hôtel de ville et d'y
proclamer la République. Mais les républicains
éprouvés même furent d'avis qu'une manifes-
tation de ce genre produirait de funestes divisions et irriterait la troupe, qu'on jugeait à
tort ou à raison bonapartiste comme ses chefs.

On résolut patriotiquement de rester sur le terrain de la défense nationale. Les officiers de la garde nationale, réunis à l'hôtel de ville, votèrent par acclamation les propositions suivantes :

1° L'autorité militaire sera mise en demeure de fournir des explications et au point de vue politique, relativement à son attitude vis-à-vis du Gouvernement de la Défense nationale ; et au point de vue militaire, eu égard au salut de la place ;

2° Le général commandant supérieur de la place sera invité à s'affranchir de toute dépendance vis-à-vis du commandant en chef de l'armée.

Ces propositions adoptées, une députation d'officiers fut chargée de les présenter au maire, qui les approuva sans réserve et offrit de se rendre, à la tête de la députation, chez le général Coffinières.

A ce moment, la population massée sur la place réclama à grands cris et obtint la suppression de l'aigle qui surmontait le drapeau placé à l'une des fenêtres.

Le maire présenta la députation au général, et **M.** Pardon, commandant du 1er bataillon, prit la parole. Il exposa que la population, aigrie par l'absence de nouvelles, soupçonnait le commandement d'en avoir et de les tenir cachées. Il exprima le vœu que le commandant en chef fît adhésion au gouvernement de la Défense nationale, pour apaiser l'opinion publique qui l'accusait de préparer une capitulation en vue d'une restauration bonapartiste.

On avait donc fini par voir clair !

Le général Coffinières répondit qu'il avait toujours fait part à la presse locale de tous les journaux qu'il avait eus à sa disposition ; que le commandement en chef devait être mis hors de cause, attendu qu'il était sans communication avec l'intérieur de la France ; que, quant à lui, il se ralliait complètement et sans arrière-pensée au Gouvernement de la Défense Nationale. « Je puis, sur ce point, ajouta-t-il répondre à l'avance des intentions du maréchal Bazaine. Depuis la catastrophe de Sedan, l'idée d'une restauration bonapartiste est déraisonnable. Je proteste contre la pensée d'une capitulation. Sans doute, il arrivera un moment où les ressources viendront à manquer, mais ce moment n'est pas encore venu ; et, du reste, si jamais l'armée de Metz est réduite à cette extrémité, elle ira droit à l'ennemi et engagera avec lui un duel à mort. »

Le commandant Pardon ayant demandé si pour assurer la conservation des approvisionnements de la place, il ne serait pas possible d'opérer une séparation entre les intérêts de Metz et ceux de l'armée, le général déclara qu'il ne pouvait faire droit à cette réclamation. Il prit acte d'une proposition que lui fit le commandant Pardon de fournir, à la première réquisition, 2000 chevaux valides ; il termina en faisant appel à l'esprit de concorde et en disant que l'ennemi seul avait intérêt à la désunion.

La députation se retira satisfaite de ce qu'elle venait d'entendre.

Or, deux jours après, le même Coffinières, tout en rendant justice au patriotisme des Messins, avertit que le terme fatal approchait et qu'il importait de les préparer.

Quand Bazaine apprit cette visite et ces doléances, il fit publier un communiqué où il confirmait les protestations et les assurances du général Coffinières, ce qui ne l'empêcha pas de faire répandre par l'état-major les bruits les plus alarmants.

Les apprehensions, l'angoisse, la colère, un

instant assoupies, se réveillèrent. Dans la soirée du 13, 400 citoyens stationnèrent devant l'hôtel de ville, attendant des explications de la municipalité. Le conseil était assemblé et délibérait. Tout à coup, le général Coffinières parut en présence des délégués. « Je jure, dit-il d'une voix forte, sur mon honneur, sur mon épée, que jamais je ne consentirai à une capitulation, que je défendrai Metz jusqu'à la dernière goutte de mon sang et que je me tuerai plutôt que de subir une pareille honte. Mon commandement est tout à fait distinct de celui du maréchal Bazaine. Je suis pénétré de l'importance de mes devoirs, et je saurai les remplir jusqu'à la mort. » Tandis que des gens peu convaincus insistaient pour que le commandant supérieur de la place abandonnât ses fonctions, tous les autres crurent à la sincérité du général et prirent loyalement sa défense. Hélas ! les pessimistes avaient raison. A ce moment même, le maire faisait lire aux conseillers municipaux une lettre officielle que lui avait adressée Coffinières. Ce dernier révélait brusquement que, l'armée n'ayant plus du pain que pour 6 jours, il était nécessaire de prendre des mesures pour qu'une quantité de 480 quintaux de blé fût mise journellement à la disposition de l'administration militaire. Cette foudroyante communication, il l'avait déjà faite verbalement la veille ; il avait en outre prononcé les paroles suivantes : « Il est possible que l'armée s'en aille, d'ici à peu de jours, soit en combattant, soit à la suite d'un arrangement. Il y a une grave considération en ce qui concerne la ville : son sort sera-t-il solidaire ou indépendant de celui de l'armée? Je suis d'avis qu'ils doivent être séparés, et je m'efforcerai de faire prévaloir cette opinion. Mais il ne faut pas nous dissimuler que nous passerons par de cruelles épreuves ; après le départ de l'armée, nous aurons le sort de Strasbourg et de Toul, d'autant plus terrible qu'un bombardement, dans une ville dénuée de toutes ressources, sera quelque chose d'effroyable. »

Le Conseil conclut avec raison qu'on voulait faire naître une terreur calculée et qu'on cherchait à obtenir, grâce à lui, un prétexte qu'il ne devait fournir à aucun prix. Il fut décidé qu'on rédigerait sur le champ une adresse au général Coffinières et qu'on la soumettrait préalablement à la population. A 10 heures du soir, les grilles de l'hôtel de ville furent ouvertes: les citoyens se rangèrent en silence sous le péristyle. M. Félix Maréchal, tête nue, debout sur les premiers degrés de l'escalier d'honneur, entouré de ses collègues, lut d'une voix grave, lente, émue, l'adresse mâle et véridique qu'il était chargé de faire parvenir avec les signatures au gouverneur. Il y était dit en substance que la garde-nationale désirait s'associer énergiquement à la défense de la ville; que la garnison pouvait compter sur l'ardent concours de tous les Messins ; que le Conseil municipal exprimait son douloureux étonnement de la tardive communication qui lui était donnée pour la première fois de l'état des ressources ; que la population ne voulait, sous aucune forme, assumer la responsabilité d'une situation qu'il ne lui avait été donné ni de connaître ni de prévenir. »

Coffinières répondit sans tarder. Il loua le Conseil municipal de ses sentiments nobles et patriotiques. Il promit de faire sans hésitation tout ce qui serait humainement possible. Il recommanda de nouveau le calme et l'union. Il s'engagea à se soumettre au gouvernement actuel. Il se défendit d'avoir fait mystère de la situation des subsistances et s'étonna de la surprise générale. Enfin il conseilla d'éviter les récriminations inutiles. De nouvelles manifestations provoquèrent de nouvelles protestations. Coffinières jura que l'armée était sur le point de s'éloigner pour laisser à la place sa complète liberté d'action, et il répéta qu'il était résolu à défendre Metz jusqu'à la dernière extrémité.

Evidemment, la situation du général Coffinières était des plus fausses. Il se trouvait pressé entre le commandement en chef et sa mission de gouverneur. S'il obéissait aveuglément au maréchal Bazaine, il trahissait la ville; s'il n'écoutait que sa conscience, il se mettait en conflit avec Bazaine. Soit qu'il entrevît son devoir, soit qu'il sentît que le maréchal allait le déshonorer et qu'il redoutât je ne sais quelles conséquences d'une quasi-forfaiture, soit enfin qu'il fût accablé par les difficultés, il envoya sa démission motivée, que Bazaine ne voulut pas accepter. D'ailleurs cet incident, ébruité, fit hausser les épaules, et généralement on s'obstina à y voir une comédie concertée. Que ces deux militaires ne prenaient-ils pas exemple d'Abraham Fabert, de ce glorieux enfant de Metz qui, loin de tout secours, vendit son argenterie pour payer ses soldats, et qui

prononça les immortelles paroles gravées sur
le socle de sa statue :

> Si, pour empêcher qu'une place
> Que le Roi m'a confiée
> Ne tombât au pouvoir de l'ennemi,
> Il fallait mettre à la brèche
> Ma personne, ma famille et tout mon bien,
> Je ne balancerais pas un moment à le faire.

XVI

Le 15 octobre, le maréchal Bazaine manda
au Ban-Saint-Martin les chefs de bataillon de
la garde nationale. Il commença par leur dire
que, si on avait à se plaindre de lui, on n'avait
qu'à confier à un autre chef le commandement
de l'armée et qu'il obéirait à ce nouveau chef :
du reste, le bon apôtre ne désigna personne.
Alors eut lieu une scène inattendue, mais évidemment préparée. Le général de Ladmirault
s'avança et protesta de sa soumission et de son
respect : sur quoi, tous deux se serrèrent la
main avec effusion. Les officiers se regardèrent,
péniblement surpris. Le commandant Pardon,
invité à prendre la parole exposa, très nettement
les griefs, les soupçons, les plaintes et les vœux

ardents de la population messine. Le maréchal assura la députation de sa loyauté, jura qu'il n'avait eu que des relations avouables avec le prince Frédéric Charles; que jamais, dans les conseils où il réunissait les généraux, il n'avait été question de capitulation. Comme on ne sut que plus tard les débats et les décisions de ces conseils, il fut impossible de réfuter cette assertion. Mais il y avait un fait significatif qui était à la connaissance de tous. M. le colonel Humbert, bibliothécaire de l'Ecole d'application, avait révélé que, le 5 octobre, un officier était venu chercher pour le maréchal Bazaine le volume de l'ouvrage de M. Thiers où il est question de la capitulation de Baylen, ainsi que les relations des sièges de Gènes et de Dantzig. Le général Frossard avait fait demander les mêmes ouvrages.

Bazaine termina en faisant des promesses évasives. Les chefs de bataillon se retirèrent, persuadés qu'il n'y avait rien à espérer.

On songea alors au général Changarnier. Quelques citoyens eurent l'idée de lui offrir le titre et les fonctions de général de la garde nationale. Ils pensaient que son renom d'énergie et de bravoure rallierait ceux qui, dans la

ville et dans l'armée, rongeaient impatiemment
leur frein. Quatre délégués furent chargés de
se rendre auprès du général, à Saint-Julien. Ils
le trouvèrent au milieu d'un groupe d'officiers
d'état-major. M. Limbourg le prit à part, lui
indiqua brièvement le but de sa démarche et
sollicita une audience particulière. Mais Changarnier persista à entendre les délégués en présence des officiers qui étaient avec lui.

« Je suis, dit-il avec une nuance de persi-
« flage très sensible, je suis extrêmement flatté
« de votre proposition. Mais, soldat avant tout,
« je considère l'obéissance au commandant de
« l'armée comme mon premier devoir; pour
« cette raison, je ne veux pas répondre à votre
« demande avant de l'avoir soumise au maré-
« chal Bazaine et avant d'avoir obtenu son as-
« sentiment. Convaincu de la noblesse et de la
« loyauté du maréchal, je le suivrai partout
« où il conduira l'armée. Le rôle de la garde
« nationale étant surtout de veiller à la sécuri-
« té de la ville et des remparts, je préférerais
« un poste plus actif. Si le maréchal Bazaine
« me donnait la tâche de vous commander, je
« la remplirais, et mon premier soin serait de
« vous conduire à Ladonchamps pour y relever

« le bataillon de ligne placé aux avant-pos-
« tes: »

— « Si, afin de mériter l'honneur de vous
« avoir à notre tête, repartit l'orateur de la dé-
« putation, il ne faut que vous fournir un ba-
« taillon pour marcher à Ladonchamps, ce
« n'est pas un seul bataillon que vous trouve-
« rez, mais bien toute la garde nationale qui
« vous suivra. Nous vous demandons de nous
« conduire, précisément parce que nous savons
« où vous nous conduirez. Veuillez faire part
« au maréchal Bazaine des dispositions où nous
« sommes tous. »

Cette réponse ironique et fière imposa au
vieux sabreur surfait. qui, comme tous ceux de
sa génération, n'admettait pas qu'en dehors des
soldats de métier quelqu'un sût combattre et
mourir pour son pays.

Les déclarations énergiques de la municipalité et des gardes nationaux enflammèrent tous
les habitants, même des femmes de la plus
simple condition. Il était urgent de réagir. Le
général Coffinières, « pour ôter aux Messins
leurs illusions », annonça en séance du Conseil municipal que, même après le départ de

l'armée « qui allait décidément partir », les ressources seraient bientôt épuisées.

La garnison n'ayant du pain que pour cinq jours et la ville pour sept, si on mettait tout en commun, le 28 octobre les habitants mangeraient leur dernier morceau. Puis il se complut à énumérer, en les exagérant, les forces et les ouvrages des assiégeants. L'état-major, de son côté, fit publier que l'armée d'investissement se composait de six corps, sans compter une réserve de nombreux régiments de landwehr organisés en divisions, total : 180.000 hommes ; que la route de Verdun, la Voie romaine, Vernéville, Orly et Jussy, la côte Saint-Blaise, la route de Nomény, la côte de Pouilly, la montée de Mécleuves, les deux routes de Boulay et de Bouzonville, les hauteurs d'Argancy et de Marange, le ravin de Saulny, la plaine en avant de Maizières offraient une ceinture de redoutes, de batteries, de tranchées inexpugnables, imprenables, formidables : les épithètes à mine effroyable pullulaient. Or, plus tard, le colonel de Villenoisy, professeur de fortifications à l'Ecole, visita, déguisé, tous les ouvrages des Allemands, et il soutint qu'ils ne présentaient rien de sérieux.

XVII

Le 17, le général Boyer arrivait de Versailles au quartier-général. Il apportait des nouvelles qui furent communiquées verbalement aux chefs de corps, aux généraux, et par ceux-ci, de la même manière, aux officiers et aux soldats. Des officiers se réunirent pour contrôler entre eux leurs souvenirs, et ils rédigèrent immédiatement une note, dont ils attestèrent l'exactitude absolue à plusieurs notables, et, en particulier, au gérant de l'*Indépendant de la Moselle*, qui l'inséra dans le numéro du 29. Ecoutes-en la lecture.

« Les approvisionnements de la place diminuant de plus en plus, le maréchal a cru devoir
« entrer en négociations avec l'ennemi. Il a désigné le général Boyer, son premier aide-de-
« camp, qui s'est rendu à Versailles, au quar-

« tier-général du roi Guillaume. L'empresse-
« ment avec lequel l'envoyé du maréchal a été
« reçu semble prouver que les Prussiens sont
« désireux de terminer la guerre. Il s'est trou-
« vé en présence d'un conseil nombreux. Sa
« mission exposée, M. de Bismarck a opiné
« pour que l'armée de Metz pût se retirer dans
« un point désigné du territoire français, afin
« d'y protéger les délibérations nécessaires
« pour assurer la paix. Cette idée était sug-
« gérée au président du conseil des ministres
« de Prusse par les difficultés que faisait naî-
« tre, pour le gouvernement de sa nation lui-
« même, l'absence de tout gouvernement en
« France. En effet, les renseignements recueil-
« lis par le général Boyer le long de la route,
« auprès des chefs de gare et auprès de diver-
« ses personnes, les journaux qu'il a pu rap-
« porter ne laissent malheureusement aucun
« doute à cet égard. »

Et là-dessus, un tableau lamentable de la situation de la France. « L'anarchie la plus complète règne. Paris doit s'ouvrir aux Prussiens
dans peu de jours. Le gouvernement de la Défense nationale est en dissolution : aucune
puissance monarchique ne veut le reconnaître.

Les élections n'auront pas lieu, parce que le résultat serait favorable à l'empire. Le désordre est au comble dans le midi de la France. Le drapeau rouge flotte à Lyon, à Bordeaux, à Marseille. Plusieurs villes de l'Ouest, entre autres Rouen, ont demandé des garnisons prussiennes pour les protéger contre les brigands. Un mouvement d'un caractère religieux a éclaté en Vendée. Le Nord désire ardemment la paix. La Prusse exige la Lorraine et l'Alsace, avec plusieurs milliards d'indemnité de guerre. L'Italie réclame la Savoie, Nice et la Corse. Le gouvernement prussien ne peut songer à établir des bases de négociations qu'en s'adressant au gouvernement de fait qui existait avant le 1er septembre. Si l'impératrice Eugénie refusait de prêter l'oreille à des propositions pacifiques, on ne pourrait s'adresser qu'à la Chambre des députés, issue du suffrage universel, et qui représente encore légalement la nation. Toutefois, pour que le corps législatif puisse se réunir de nouveau et délibérer, il faut qu'il soit protégé par une armée française. Tel est le rôle qu'aura sans doute à remplir l'armée de Metz. En attendant le retour du général Boyer, reparti pour Versailles avec de nouveaux pouvoirs, il est urgent de faire savoir aux troupes que la situation pénible où nous nous trouvons n'est que transitoire. *L'armée sépare sa cause de celle de la ville de Metz.* Jusqu'au moment où elle partira pour aller remplir une nouvelle mission patriotique, elle saura supporter courageusement encore quelques jours de privations. »

Une note, remise entre les mains du Conseil municipal par son auteur, est rédigée ainsi qu'il suit :

« Si l'impératrice-régente donne son acquies-
« cement aux propositions de paix, elle sera
« représentée par le maréchal Bazaine.

« L'armée ne touchera probablement pas de
« vivres demain ; après-demain, on ne lui don-
« nera que du vin et de la viande.

« On engage les soldats à ne pas crier.

« Dans trois jours, ils quitteront Metz, avec le
« consentement des Prussiens, pour aller réta-
« blir l'ordre en France.

« On demande aux chefs de corps de faire de
« nombreuses propositions pour la croix et la
« médaille. Les officiers toucheront la solde du
« mois de novembre. »

Le général Boyer était en effet reparti pour

Hastings. Il était porteur d'un projet de traité, approuvé par Napoléon III, dont voici les bases : « Cession de Strasbourg et d'une partie de l'Alsace; démantèlement de Metz; abdication de Napoléon III et régence de l'impératrice.

Le traité devait être ratifié par le Sénat et le Corps législatif, convoqués à Amiens. L'armée du Rhin devait sortir de Metz avec armes et bagages, sous la condition de ne pas servir contre l'Allemagne pendant trois mois, dans le cas où les Chambres n'auraient pas ratifié le traité de paix. Bazaine et son armée protégeraient leur réunion à Amiens, où se rendraient aussi l'impératrice et le prince impérial, et rétablirait l'ordre partout où il était troublé. Malgré l'armistice, l'armée allemande continuerait d'investir la capitale jusqu'à ce qu'elle se rendît.

XVIII

La misère était devenue très grande. La population civile souffrait beaucoup. Les denrées alimentaires étaient hors de prix : les officiers, cousus d'or, enlevaient tous les objets de consommation, dans les marchés et dans les boutiques. L'administration municipale eut un moment l'idée d'organiser des distributions de bouillon de viande ; mais elle l'abandonna sur l'avis du général gouverneur que les chevaux à livrer allaient manquer très prochainement. La fièvre typhoïde, la variole, la dysenterie, la faim firent de nombreuses victimes. On compta pendant les mois d'août, de septembre et d'octobre 1221 décès.

L'armée était encore plus éprouvée. Souvent,

elle ne recevait plus que du vin et du café. Les camps de Chambière, de Queuleu, du fort Belle-Croix offraient un spectacle pitoyable. Epuisés par les privations et les souffrances, trempés et glacés par les pluies continuelles, les pieds dans la boue liquide, sans autres abris que leurs tentes ou des gourbis composés de branchages appuyés sur des perches, grelottants autour de maigres feux qu'ils alimentaient avec du bois vert, des échalas ou des ceps de vigne, les soldats restaient des journées entières silencieux, mornes, les yeux vides. Et jamais Bazaine ne vint réconforter de sa présence ces infortunés, jamais il ne parut dans un camp.

Des maraudeurs commettaient des déprédations, et l'on n'avait pas le courage de les en empêcher ou de les punir.

Ah ! sans doute, il faut reconnaître qu'une sortie en masse, encore possible dans la première moitié d'octobre, aurait été tout à la fin une entreprise irréalisable, une folie glorieuse. Des évasions isolées étaient seules possibles. Nos malheureux troupiers, hâves, amaigris, tremblants sur leurs jambes, auraient été, pour la plupart, incapables de fournir une longue marche, le sac sur le dos, et de lutter avec

quelque chance de succès contre les Prussiens
bien nourris, robustes, rougeauds, crevants
d'embonpoint et de santé. Un matin, de la fenê-
tre, ma femme vit deux fantassins convalescents
qui ramassaient devant notre porte des éplu-
chures de légumes. Bouleversée, elle les appela
et les fit monter. On leur servit un repas subs-
tantiel qu'ils dévorèrent ; ils burent une bou-
teille de vin ; puis, je les priai d'accepter chacun une pièce de 5 francs. Emus, ils balbu-
tièrent quelques mots de remerciement. « Ce
n'est pas tout, leur dis-je ; tant que vous serez
en ville, venez chaque jour chez nous, vous
trouverez votre couvert préparé. » Je ne les vis
plus. Je maudis leur délicatesse exagérée.

Un autre jour, sur la route de Vallières, j'as-
sistai à une scène qui m'arracha des larmes.
De pauvres chasseurs affamés venaient d'abattre
un cheval qui était sur le point de mourir d'ina-
nition. Les yeux brillants, ils étaient en train
de découper des lanières de viande. Tout à coup
on sonne le ralliement. Sans murmurer, sans
hésiter, ils abandonnent les préparatifs de leur
repas et détalent au pas de course.

Des officiers de dragons du fort Gisors, privés
de pain, au lieu de s'en faire apporter de la ville

par leurs ordonnances, qui n'auraient peut-être pu résister à la tentation et l'auraient mangé, venaient, même le colonel, le chercher en personne

Quant aux chevaux qu'on n'avait pas encore livrés à la boucherie, loin de pouvoir traîner les voitures et les pièces, ils pouvaient à peine se traîner eux-mêmes. La plupart de ces animaux, isolés ou par groupes, vrais squelettes ambulants, rôdaient çà et là, broutant machinalement la terre nue. Ils rongeaient les échelons des voitures, quelques-uns les planches des maisons abandonnées. Ils s'étaient déjà mangé mutuellement les crins de la queue et de la crinière. Que de fois j'ai vu une estafette rouler avec son cheval, mort subitement, sur le pavé de la rue. Vers la fin, on pouvait en acheter un pour 10 francs. Beaucoup de gens, des campagnards surtout se procurèrent à vil prix des chevaux et des mulets qu'ils appelèrent des Bazaines. Un officier offrit un superbe pur-sang à un habitant de la ville, parce qu'il ne voulait pas avoir le crève-cœur de le voir périr. Il y en eut qui tuèrent leurs montures d'un coup de revolver.

Je serais injuste si j'oubliais de mentionner que, malgré la détresse, personne ne manifesta la moindre défaillance, et que tous nos admirables militaires, sans exception,ne cessèrent jusqu'au dernier jour, concurremment avec les Messins, de faire des collectes, eux si misérables, pour le soulagement des misères. On peut affirmer que cette sombre situation avait été fort habilement préparée. Mais ce qu'il y a de plus horrible, c'est que la pénurie était loin d'être aussi grande qu'on le disait. Le **22**, le général Coffinières, qui présidait la séance du Conseil municipal, déclara qu'on allait sous peu cesser toute distribution de pain, faute de farine. Or, ce même jour, un marchand de grains menaça de se plaindre publiquement si l'on ne faisait pas usage de ses approvisionnements considérables. Monsieur Maguin cita de nombreux chevaux possédés par des particuliers ; des blés déclarés et cependant non réclamés ou réclamés en faible partie par l'autorité militaire, par exemple chez lui et chez **M.** Viansson, maire de Plappeville. En ville, des maisons renfermaient de grandes quantités de céréales. Un habitant, entre autres, que nous connaissons tous, avait chez lui 30 sacs qu'il offrit vainement. Les caves de la caserne du génie contenaient du lard salé en abondance, que tout le monde put voir sortir après la reddition. Il y avait à l'arsenal du sel qui n'a jamais été distribué, et que les Allemands ont pris. On a calculé que, si toutes les provisions avaient été réquisitionnées, comme on ne cessait de le demander, il eût été possible de tenir un mois de plus, peut-être deux.

Il est donc avéré que Bazaine souhaitait d'en finir immédiatement, et que le gouverneur de Metz n'eut pas l'énergie de déjouer ses odieux calculs.

XIX

Depuis quelque temps, l'averse des proclamations, des ordres du jour, des communiqués avait cessé.

Les forts étaient muets. On n'entendait plus la fusillade. Les avant-postes de Ladonchamps et de la ferme de Sainte-Agathe, tous ceux qui barraient la plaine avaient été retirés. Des officiers prussiens venaient serrer la main des nôtres, se chargeaient de leurs lettres et disaient qu'ils allaient sur Mézières. On paya aux officiers un mois de solde. On fit tous les préparatifs d'un départ prochain. Les soldats, qui s'attendaient à sortir avec les honneurs de la guerre et à être envoyés en Algérie, se consolaient presque en songeant qu'ils avaient atteint le terme de leurs longues souffrances. Les pauvres gens ne se doutaient guère de l'humiliation et du long martyre qu'on leur ménageait.

En ville, l'agitation était extrême. Tandis que les uns se refusaient encore à croire à la catastrophe, d'autres regardaient comme un pis-aller acceptable le démentèlement de Metz: personne n'admettait qu'une ville si française pût devenir prussienne.

Rollet, officier de la garde nationale, alla trouver le général, pour demander, au nom de ses camarades, qu'on les menât à l'ennemi. Le général s'y refusa. Rollet s'en alla au café de Paris, sur la place Saint-Louis, et conta son entrevue. Un sergent-major de chasseurs à pied, qui était présent, se leva brusquement, se rendit à la caserne, prit son revolver d'ordonnance et courut chez le général. On l'arrêta avant qu'il eût accompli son dessein. Un fourrier du même bataillon tira sur Bazaine : il fut fusillé.

Pendant les derniers jours, j'eus la surprise de rencontrer dans la rue Gobert, l'instituteur de Novéant, que les Prussiens avaient autorisé à sortir de leurs lignes pour rentrer dans Metz, sans doute dans l'espoir d'avoir par lui des renseignements. Il paraît que, tous les notables étant partis, il avait dirigé les affaires de la commune et avait, pour ainsi dire, rempli les fonctions de maire. Il m'apprit le malheur arrivé à un boulanger de Gorze que je connaissais bien. Après la bataille du 16, ce village, comme tous les autres, était rempli d'Allemands. Tout à coup, un coup de fusil fut tiré. Des soldats pénétrèrent chez ce boulanger. Ils questionnèrent sa femme, voulurent parler à son mari. Elle répondit qu'il était occupé. En effet, il était en train de pétrir. Ils crurent qu'il était coupable et qu'il se cachait. Ils l'interrogèrent. Comme il ne comprenait pas ce qu'on lui demandait, on le pendit devant la porte de sa maison. Son cadavre resta exposé trois semaines pour servir d'épouvantail. Le sort de Gobert faillit être aussi tragique. Quand il revint aux avant-postes d'Ars, il ne voulut pas ou ne put pas donner aux Prussiens les renseignements qu'ils lui demandaient. On le reconduisit à Novéant, attaché à la queue d'un cheval. On l'enchaîna, on le jeta sur un fumier, et il fut gardé à vue jour et nuit par deux sentinelles. Au bout de trois jours, on l'emmena à Thiaucourt pour être passé par les armes. Il

fut grâcié après la capitulation. Mais il mourut,
quinze jours après, des suites des mauvais trai-
tements qu'il avait endurés.

Cependant, le général Boyer avait porté à
Versailles les conditions posées par Bazaine.
On prétend qu'elles furent acceptées, que Boyer
se rendit en Angleterre, qu'il arracha à l'impératrice sa signature, mais que celle-ci, par défiance de Bazaine, dont elle connaissait le caractère et l'ambition, se ravisa, reprit l'original
du traité, le déchira et congédia le général. Le
bruit courut même que, après une entrevue
avec Napoléon, elle était venue en personne,
grâce à un sauf-conduit, conférer avec Bazaine
lui-même. Quoi qu'il en soit, le 24, à une heure
de l'après-midi, le Conseil de guerre s'assem-
bla. Le maréchal lui fit connaître qu'il venait
de recevoir deux dépêches, annonçant, l'une
que l'impératrice ne voulait pas s'occuper d'un
traité ; l'autre, que Bismarck, dans ces conditions, repoussait tout arrangement. Le Conseil
décida que le général Changarnier serait prié
de se rendre en parlementaire auprès du prince
Frédéric-Charles, à Ars-sur-Moselle. Changarnier accepta cette mission. Le prince le reçut
avec cordialité, mais refusa de traiter des clau-

ses de la capitulation avec un général qui ne faisait pas partie de l'armée active. Il dit que Metz n'avait plus que pour trois jours de vivres, qu'il le savait et il lui montra en gare un train de ravitaillement tout prêt. Il ajouta qu'il avait toujours été instruit à l'avance des desseins et des opérations de ses adversaires.

Le général de Cissey fut dépêché à son tour. « Nous avons en France 1,200,000 hommes, lui dit le prince. Une armée de 150.000 hommes marche de Dijon sur Lyon, qui succombera comme Metz, comme Paris. Nous irons jusqu'à Marseille s'il le faut. »

Le général de Cissey fit observer que Metz devait être excepté de la capitulation. Frédéric-Charles répondit durement que la ville partagerait le sort de l'armée.

Le 25 octobre, le maréchal Bazaine fut invité à envoyer un officier général au chef de l'état-major général prussien, général Stichle, qui lui communiquerait les conditions imposées à l'armée française. Ce jour fut marqué par une aurore boréale et par le déchaînement d'une tempête épouvantable. De violentes bourrasques déracinèrent des arbres énormes, soulevèrent des toitures, renversèrent des habitations. On eût dit que la nature se soulevait contre l'acte infâme qui allait s'accomplir.

Le Conseil municipal avait exprimé au général Coffinières le vœu d'être éclairé et sur la situation actuelle du pays et sur les négociations pendantes. Coffinières répliqua que pareille demande devait être adressée, non à lui, mais au commandant en chef. Le Conseil décida que, fort des protestations de loyauté et de sincérité faites précédemment par le maréchal, on lui porterait directement le vœu, qu'on lui donnerait connaissance de la démarche faite auprès du général Coffinières et de la réponse faite par celui-ci.

Le 26, la séance du Conseil municipal fut présidée par le général commandant supérieur de la place ; le préfet de la Moselle était présent. Le maire lut une dépêche dans laquelle le maréchal Bazaine exposait la triste nécessité et chargeait le général Coffinières de fournir des explications.

Le général prit la parole. Il dépeignit l'état de la France ; il montra les Allemands victorieux partout et prêts à poursuivre leurs succès ; il parla de la mission du général Boyer, dit pourquoi elle n'avait abouti à rien ; enfin il déclara que la reddition de la place était irrévocablement décidée et qu'il n'y avait plus qu'à se soumettre. Après son départ, le Conseil, présidé par le préfet, arrêta que, subissant la capitulation, il ne la discuterait pas; que, pour dégager sa responsabilité et pour éviter des interprétations malveillantes, il n'interviendrait d'aucune façon, qu'il n'enverrait aucune note, et qu'il laisserait aux négociations leur caractère purement militaire.

Le 27, fut affichée la proclamation du général Coffinières, qui se terminait par ce souhait hypocrite : « Conservons le ferme espoir que Metz, cette grande et patriotique cité, restera à la France ! »

Des officiers délégués de la garde nationale, ayant manifesté le désir d'être entendus par le Conseil municipal, furent introduits immédiatement et présentèrent une pétition dont ils développèrent les points. « La garde nationale offrait à l'armée son concours pour continuer une résistance même désespérée ; si la capitulation était déjà signée, elle tenait à affirmer qu'elle était restée étrangère aux pourparlers ; elle proposait qu'on déterminât la réglementation de l'entrée des étrangers dans la ville et de leur hébergement momentané ; enfin elle suppliait qu'on lui épargnât la honte et la douleur de remettre ses armes après l'occupation.

De son côté, le maréchal Bazaine avait adressé à l'Armée du Rhin un ordre général. Il eut l'inconscience ou l'effronterie de rappeler les capitulations célèbres des Masséna, des Kléber, des Gouvion-Saint-Cyr. Il jura audacieusement qu'il avait loyalement tenté tout ce qui était possible. Il affirma que, vu l'armement et les forces écrasantes qui gardaient et appuyaient les lignes d'investissement, un désastre aurait été inévitable. Il recommanda la dignité dans l'adversité, le respect des stipulations. « Surtout, disait-il, évitons les actes d'indiscipline comme la destruction des armes et du matériel, puisque, d'après les usages militaires, place et armement devront faire retour à la France lorsque la paix sera signée. » Enfin, en se séparant, le cœur brisé, des généraux, officiers et soldats, il leur exprimait toute sa reconnaissance pour leur belle conduite et leur courage.

XX

C'est le 27, à 6 heures du soir, que furent signées les clauses de la capitulation, au château de Frescaty, par les généraux Jarras et Stichle. Les doubles de cette pièce furent apportés, dans la soirée, à Corny, où le prince Frédéric-Charles avait transféré sa résidence et au Ban-Saint-Martin.

Le 28, veille du jour anniversaire de l'entrée des Français à Berlin, à 8 h. 30 du matin, le général Jarras lut ce document et l'appendice aux commandants des corps d'armée et des armes spéciales, réunis en conseil sous la présidence du maréchal Bazaine : ils donnèrent leur approbation, sans réserve, au protocole et à son annexe. Seul, le général Desvaux persista à réclamer une dernière tentative. Ainsi, le crime était consommé ! Ni l'intérêt du pays, ni le souci de la défense extérieure, ni l'affliction d'une ville si lâchement sacrifiée; ni les colères, les indignations et les mépris n'avaient pu émouvoir ces hommes dont les âmes flétries étaient fermées aux grandes idées comme aux beaux sentiments, que les propositions héroïques des Bisson, des Deligny, des Clinchant et d'autres faisaient sourire de pitié, et qui tournaient le dos quand on leur parlait des chances de salut qui pouvaient surgir d'un acte désespéré.

Le texte du protocole ne fut publié que le **29**, dans les journaux de la localité, et notamment dans l'*Indépendant*, qui parut, encadré d'un large filet noir. Mais, dès le 28, au matin, il commença d'être connu, au moins dans les grandes lignes. L'armée française était prisonnière de guerre. La forteresse et la ville de Metz avec tous les forts, le matériel, les approvisionnements de toute nature et tout ce qui était propriété de l'Etat; les drapeaux, aigles, armes, canons, mitrailleuses, chevaux, caisses militaires, équipages, tout devait être remis à l'armée prussienne. Les troupes, sans armes, seraient conduites, rangées d'après leurs régiments ou corps, aux lieux indiqués. Le samedi 29, à midi, les forts du Saint-Quentin, de Plappeville, de Saint-Julien, de Queuleu et de St-Privat, ainsi que la porte Mazelle recevraient les troupes prussiennes.

A midi, le rappel battit dans tous les quartiers, pour inviter les gardes nationaux à faire sur le champ la remise de leurs armes.

Les rues étaient remplies de gens qui, pâles, les yeux rougis, ne pouvaient encore croire à leur malheur et couraient aux bureaux des journaux, à la préfecture. à la mairie, partout où ils espéraient trouver des renseignements et surtout des démentis. Partout on leur confirmait la nouvelle. Les uns serraient les poings et poussaient des cris de fureur ; les autres, consternés, accablés, restaient muets. Les femmes pleuraient. Des hommes se traînaient, chancelants, et rentraient chez eux pour apprendre à leurs familles le sombre dénouement. Il y eut des cas de folie subite. Des torrents se dirigeaient vers la place d'Armes. Des exaltés envahirent la tour de la cathédrale et mirent en branle cette Mutte qui, en 1859, avait retenti pour célébrer les victoires d'Italie. On sonna le tocsin de l'incendie. Je n'oublierai jamais l'effet poignant et horrible que produisaient ces voix d'airain, mêlées à des coups de feu, aux gémissements, aux sanglots, aux vociférations, aux clameurs, aux malédictions. Des groupes agités se formèrent et se précipitèrent vers l'hôtel du gouverneur ; mais des piquets d'infanterie, appelés en toute hâte, avaient déjà été placés aux abords et barraient le passage. Un bataillon de la Garde fut commandé pour maintenir l'ordre. Un Messin saisit violemment par le bras l'officier et lui cria: «Comment ! toi, un enfant de Metz, tu oserais donner l'ordre de tirer sur tes concitoyens! »

L'officier, troublé, balbutia quelques mots de dénégation. Ses hommes jurèrent avec véhémence que jamais ils ne tireraient sur des compatriotes. Le 1er régiment de grenadiers et les zouaves refusèrent d'entrer dans la ville pour prêter main-forte. Des soldats et des gardes nationaux se réunirent avec le dessein de se jeter à travers les lignes ennemies : ils franchirent les portes et disparurent.

Le Conseil était en séance. Comme l'agitation s'aggravait autour de l'hôtel-de-ville, le maire fut invité à descendre et à intervenir. Accompagné des conseillers municipaux, il se rendit en effet auprès des citoyens qui stationnaient et leur recommanda le calme nécessité par les circonstances douloureuses qu'on traversait. Puis une proclamation aux habitants fut rédigée, pour être immédiatement imprimée et affichée. Elle se terminait par cette phrase : « La pensée que cette épreuve ne sera peut-être que passagère et que nous, Messins, n'avons assumé dans les faits accomplis aucune part de responsabilité devant le pays et devant l'histoire, doit être, en ce moment, notre consolation. »

Une dernière infamie vint s'ajouter aux autres. Le 27, le maréchal Bazaine avait invité les commandants de corps à faire recueillir les aigles des régiments d'infanterie, et à les faire transporter à l'arsenal, où celles de la cavalerie étaient déjà déposées, pour les faire brûler. Le lendemain, il prescrivit au colonel de Girels, directeur d'artillerie, de garder en lieu fermé tous les drapeaux et de ne les rendre sous aucun prétexte, de quelque part que la demande en fût faite. « L'exécution de cette disposition disait-il, intéresse au plus haut degré le maintien des clauses de la convention honorable qui

a été signée et l'honneur de la parole donnée.»
Des chefs refusèrent de s'associer à l'odieuse
fourberie du maréchal, et ils procédèrent à
l'incinération de leurs aigles en présence de
leurs hommes rassemblés. La plupart eurent la
faiblesse de se voir liés par la discipline.

Le 29, dès 10 heures du matin, les forts,
dont les officiers avaient réclamé la destruction, furent livrés aux commissaires prussiens
qui y arborèrent le drapeau blanc et noir. L'armée française se rendit aux différents emplacements qui lui avaient été assignés. Les soldats
pleuraient de rage et d'humiliation. Incapables
de se contenir, ils éclataient en imprécations
contre celui qui les avait livrés, contre ceux
qu'ils appelaient ses complices. A midi 35, les
Prussiens se présentèrent devant la Porte Mazelle. Les grenadiers de la Garde, qui s'y
trouvaient, se retirèrent, et, lançant leurs
armes dans la Seille, se replièrent en dehors
de la porte Serpenoise. Aussitôt l'étranger entra dans la ville. Chaque régiment était précédé
d'une avant-garde de soldats, qui frappaient le
sol avec leurs fusils pour s'assurer s'il était miné : dès qu'on était entré, le colonel défendait
à la musique de jouer, pour que les éclaireurs

pussent saisir distinctement le son ; elle ne reprenait qu'à une certaine distance des fortifications. Les Prussiens prirent d'abord possession du poste de la Place d'Armes, où la statue de Fabert avait été couverte d'un voile noir et où des drapeaux tricolores enveloppés de crêpe pendaient à quelques maisons. Les soldats français qui étaient devant l'hôtel de ville, surpris par l'arrivée inopinée des ennemis, s'éloignèrent par la rue de la Princerie, après avoir brisé leurs armes, leurs clairons et leurs caisses.

Le soir, les autres postes furent occupés. Pendant la nuit, ce fut un défilé ininterrompu d'artillerie, de convois, de bagages. Plusieurs régiments furent logés chez les habitants ; jusqu'au matin, les Allemands frappèrent ou enfoncèrent les portes des maisons pour s'abriter contre les rafales et la pluie. On remarqua que de nombreux étrangers, dont on avait à tort toléré le séjour, accoururent au-devant de leurs compatriotes en poussant des cris de joie et des hourras.

Bazaine, avant de partir, avait répandu avec profusion des croix et des médailles. Des militaires, des citoyens qui avaient reçu de lui la décoration de la Légion d'honneur s'abstinrent d'en porter l'insigne. Quelques Messins même la refusèrent. M. Bouchotte déclara noblement qu'il ne voulait pas tenir une récompense de la main qui avait signé la capitulation de Metz. Le Conseil municipal constata les services qui méritaient à M. Bouchotte la distinction qui lui avaient été offerte et le félicita, en s'y associant, des sentiments qui avaient dicté son refus.

Le maréchal s'esquiva la nuit. Il fit de courts adieux à ses amis et à ses familiers, leur dit : « Au revoir ! dans un mois à Paris ! » monta en voiture, se rendit en visite à Frescaty, et, de là, soulagé et allègre, s'en fut dîner avec appétit, en famille, dans un château voisin.

Le général Coffinières partit le matin du 30.

Des officiers de tous grades et des simples soldats réussirent à s'évader, sous des déguisements qu'on leur avait prêtés, et à gagner le Luxembourg, puis la Belgique, d'où ils se rendirent à l'armée qui s'organisait dans le Nord.

XXI

Le 31, un train réservé aux généraux et aux
officiers d'état-major partit pour Mayence par
Nancy. Le 1er et le 2 novembre, six convois
emmenèrent les officiers subalternes par la
ligne de Sarrebrück. Faute de voitures de voyageurs, on fut obligé de les installer dans des
wagons de marchandises ou de bestiaux. Des
personnes charitables, même de simples ou-
vriers, eurent l'attention délicate d'y faire disposer des pliants ou des chaises de paille.

Quant aux sous-officiers et aux soldats, on
les parqua sur des terrains nus et détrempés
par la pluie. Ils restèrent plusieurs jours sans
abri, presque sans nourriture, sous la garde de
sentinelles qui avaient la consigne de faire feu
sur ceux qui feraient mine de s'écarter. Grou-
pés en rond autour de tisons humides et fu-

mants, ils toussaient et geignaient pitoyablement. De temps en temps, on leur jetait des pains qu'ils mangeaient avec voracité.

Il y en eut qui furent promenés dans les environs de la ville avant de prendre une direction définitive. Enfin ils se mirent en route à pied vers la Prusse, escortés de détachements d'infanterie et surveillés par des cavaliers qui avaient constamment la carabine ou le revolver au poing. Quand quelque prisonnier s'arrêtait pour bander leurs pieds ensanglantés, un de ses gardiens accourait sur lui : « Vite, en marche, ou sinon ! » Des malheureux durent faire des étapes, leurs chaussures à la main.

Quand on signalait une de ces longues colonnes de captifs, débiles, malades, à peine vêtus, tous les villageois s'empressaient sur leur passage, apportant du pain, du vin, des hardes, de l'argent. Ceux de Sarrelouis, fidèles à leur origine française, leur témoignèrent tant de sympathie qu'il fallut user de la force pour isoler ceux qu'ils regardaient comme des compatriotes. Dès que l'on atteignait une ville prussienne, on les empilait dans des wagons quelconques, même découverts, et on les transportait avec lenteur aux lieux d'internement, jusqu'au fond de l'Allemagne. Là, ils étaient le plus souvent accueillis par des railleries, des insultes et des menaces.

Je fus bientôt éprouvé par un autre malheur Mon vieux père, qui était sorti un matin pour visiter un ami mourant, me fut rapporté sans connaissance. Il paraît que, en voyant défiler un bataillon avec fifres et tambours, il s'était affaissé. Il rendit le dernier soupir le soir même, en murmurant ces mots : « Les Prussiens..... Metz.... ! »

Bien que marié, je me préparais à imiter les hommes de mon âge, qui, presque tous, malgré la surveillance et les arrêtés des Allemands, s'enfuyaient pour s'engager, lorsque je tombai gravement malade. Pendant deux mois, je fus entre la vie et la mort. Je fus sauvé grâce aux soins assidus de ma mère et de ma femme. Mais je ne fus complètement rétabli et ne pus sortir que vers la fin de janvier. Ce fut seulement alors qu'on osa m'apprendre les événements qui s'étaient accomplis et que je vais te résumer.

Dès que la nouvelle du désastre de Sedan arriva à Paris, une révolution éclata. La Chambre des députés fut envahie. La République fut proclamée. L'impératrice partit sans être inquiétée. Le Sénat ne songea même pas à faire un semblant de protestation. Un gouvernement provisoire s'installa sous la présidence du général Trochu : Ne voulant ni ne pouvant accepter les conditions des vainqueurs, qui exigaient l'Alsace et la Lorraine, il se disposa résolument à continuer la lutte. Gambetta sortit de Paris en ballon et rejoignit une délégation qui avait été envoyée à Tours. Il organisa la résistance avec une ardeur admirable. Il réunit en peu de temps près de 600.000 hommes, fit fabriquer ou acheta des canons et des fusils, créa trois armées : l'armée de la Loire, l'armée du Nord et l'armée des Vosges.

Je juge inutile de te citer des détails que toi-même tu liras. Je me bornerai à te dire que l'armée de la Loire remporta un succès relatif à Coulmiers ; qu'Orléans fut pris, puis évacué et enfin repris par les ennemis ; qu'une deuxième armée de la Loire, malgré l'habileté du général Chanzy, fut vaincue au Mans et rejetée derrière la Mayenne. L'armee du Nord, commandée par le général Faidherbe, prit vigoureusement l'offensive à Bapaume et à Saint-Quentin ; elle montra une valeur incontestable, mais dut battre en retraite devant la ligne des places fortes. La troisième fut contrainte de se retirer sur Besançon et Dijon. Elle n'était composée que de deux divisions, sous les ordres : l'une, de Garibaldi, l'autre, de Cremer, capitaine d'état-major évadé de Metz, qui, à deux reprises, se signala à Nuits.

On forma alors une nouvelle armée, dite Armée de l'Est, dont le commandement fut donné à Bourbaki. Elle avait pour mission de débloquer Belfort, d'envahir l'Alsace et de couper les communications des ennemis avec l'Allemagne. Après un succès à Villersexel, elle s'avança jusque sur les hauteurs d'Héricourt, mais elle recula devant des forces supérieures et se réfugia en Suisse.

Pendant ce temps, Paris avait tenu bon. Ni la disette, ni les maladies, ni le bombardement n'avaient eu raison de la constance des habitants. Deux faits d'armes dominent : la bataille de Champigny, qui fut meurtrière et sans résultats, et celle de Montretout, après laquelle il fallut capituler.

Un armistice fut conclu pour permettre à la France d'élire une Assemblée nationale. Les Allemands prirent possession des forts.

Voilà l'exposé succint de la deuxième partie de la guerre jusqu'au 29 janvier.

Ainsi, ni les efforts prodigieux d'un grand citoyen, ni la science et la ténacité de deux généraux patriotes ne purent changer la fortune : la France fut malheureuse jusqu'au bout. On dit, pour se consoler, qu'en refusant au début de souscrire à sa défaite, comme on le lui conseillait, et en continuant la guerre, elle avait forcé l'admiration, qu'elle avait reconquis une part de l'estime et de la sympathie perdues. C'est possible ; mais la compensation était maigre, et elle pouvait espérer mieux. Je persiste à croire que, si les Gambetta, les Chanzy, les Faidherbe avaient été bien secondés, nous n'en serions pas là aujourd'hui. Leurs pires ennemis étaient la défiance, le découragement, la conviction d'un très grand nombre, et non des moindres, qu'il n'y avait rien à faire.

A ces hommes de cœur et de foi, il faut joindre : le chef d'escadron d'artillerie Taillant, qui, à la tête d'une garnison de 1200 hommes, défendit Phalsbourg du 10 août au 12 décembre, qui ne capitula qu'à la dernière extrémité, qui, avant d'ouvrir les portes, fit en-

clouer les canons, briser les affûts et les fusils,
détruire les munitions, brûler les approvisionnements ; le colonel Turnier, de Thionville, qui,
sommé deux fois de se rendre, tint jusqu'au
25 novembre et ne céda (et encore, malgré les
habitants) qu'à un bombardement à outrance,
pendant lequel la ville reçut 20.000 projec-
tiles ; le colonel Denfert-Rochereau, qui, après
103 jours de siège, suspendit les hostilités,
mais sur l'ordre du gouvernement de la Défense nationale, et sortit de Belfort avec armes et bagages.

Du commandant de Longwy, l'indomptable
Massaroli, qui, avec le concours énergique de
la garnison et des gardes nationaux, lutta tant
qu'il put et ne se rendit que le 25 janvier seulement ; de Teyssar, qui persista à garder Bitche jusqu'au 27 mars, malgré le traité ; du
sergent Bœltz, chef de la défense de la Petite-
Pierre, qui, suivi de sa troupe de 30 hommes,
rejoignit l'armée, après avoir mis le matériel
hors d'usage ; des habitants de Rambervillers,
qui, sans espoir, tentèrent de se défendre.

Plût à Dieu que ces exemples eussent été
suivis par les autres commandants de place.

Enfin, il faut pieusement conserver le souve-

nir de Châteaudun, où 1200 braves, francs-tireurs ou gardes nationaux, arrêtèrent une division tout entière, et dont l'héroïsme fut puni
d'une ruine presque totale ; de ces partisans
déterminés, qui, le 22 Janvier, après une marche périlleuse et pénible, firent sauter le pont de
Fontenoy.

Voilà des traits consolants !

Bazaine a dû bien rire de la naïveté de tous
ces gens de cœur et d'honneur.

A Metz, comme dans toute la France, on se
disposa à nommer des représentants. Il y eut
quatre listes, sans compter quelques candida-
tures privées, peu sérieuses. Les listes radicale,
des patriotes et de concentration restèrent en
minorité, La liste républicaine l'emporta. Sur
11.000 électeurs de la ville, 8.000 votèrent ;
les autres étaient des malades ou ceux qui
avaient rejoint les armées. Malgré le mauvais
temps et la difficulté des communications, les
paysans s'étaient rendus au scrutin avec empressement, la plupart drapeau en tête. Des
vieillards et des infirmes se firent transporter
en voiture.

Les élus du département de la Moselle furent:
Xehm, Gambetta, Humbert, Dornès, Noblot,

André, Deschanges, Bardon, Bamberger. Ils réunirent de 59.098 à 33.632 suffrages.

Nos représentants partirent le dimanche 12 février, au matin, et arrivèrent à Bordeaux, siège de l'Assemblée nationale, après un voyage de quatre jours et quatre nuits, par Sarrebruck, Carlsruhe, Bâle, Genève, Lyon, Cette et Toulouse.

Le 17, le bureau de l'Assemblée fut constitué : Grévy fut nommé président; Thiers fut proclamé chef du pouvoir exécutif.

La protestation énergique de M. Keller au nom des représentants du Bas-Rhin, du Haut-Rhin, de la Meurthe et de la Moselle, n'empêcha pas que les préliminaires de la paix ne fussent signés le 26 février. La France cédait à l'Allemagne le Haut-Rhin, le Bas-Rhin, presque toute la Moselle, une partie de la Meurthe et des Vosges. Metz apprit le 4 mars que le traité, accepté le 1er par l'Assemblée nationale, avait été ratifié par Guillaume. A 11 h. 15, des salves d'artillerie annoncèrent la prise de possession définitive des forts et de la ville de Metz: on hissa les drapeaux de la Prusse et de la confédération de l'Allemagne. Nous avions cessé d'être Français.

XXII

On eût pu croire que la France, épuisée et
amoindrie, avait payé son tribut au malheur et
qu'elle allait pouvoir enfin goûter un repos si
chèrement acheté. Il lui restait à subir une dernière calamité, la plus affreuse de toutes : la
guerre civile. Trois semaines après la signature de la paix, éclata à Paris, une insurrec-
tion, qui couvait depuis longtemps. Les com-
munards, tel fut le nom qu'on donna aux in-
surgés, pendant deux mois furent les maîtres
de la capitale et combattirent l'armée du gouvernement, en présence des ennemis, ivres de
champagne et de joie. M. Thiers ne perdit pas la tête : sans ressources, avec de faibles
troupes qui même n'étaient pas sûres, il fit

face à l'orage. Il sut trouver de l'argent ; il hâta le rapatriement des prisonniers, dont beaucoup dirigés sur Versailles, furent aussitôt équipés, armés, enrégimentés et envoyés devant l'enceinte de Paris. C'est à ce moment que nous revîmes l'uniforme français dans nos rues. Quel bonheur ! mais quelle angoisse ! Quand nos soldats, vers la fin de mars, affluèrent, exaspérés, hors d'eux-mêmes, il y eut des rixes, des défis, et nous eûmes toutes les peines du monde à les calmer, jusqu'au moment de leur départ. Des officiers blessés, qui étaient restés dans les ambulances ou chez les particuliers, à peine rétablis, s'empressaient d'aller rejoindre leurs camarades qui se battaient. Un capitaine, qui avait eu les deux jambes brisées, avait été soigné chez les Dufour. Il s'entêta à sortir avant sa complète guérison. Il voulait essayer ses forces. Il s'habilla en grande tenue, le sabre au côté, la croix sur la poitrine. Je l'aperçus qui, appuyé sur deux béquilles, se traînait sur le trottoir de la rue des Clercs. Ses traits contractés, son visage congestionné et baigné de sueur révélaient sa souffrance. Tout-à-coup il s'arrêta, défaillant. A ce moment, trois officiers allemands passaient. Je remar-

quai avec peine qu'ils n'eurent pas un salut,
pas un regard pour cette victime de la guerre.
Quelques commerçants et moi, nous nous em-
pressâmes de le soutenir et de le faire entrer
dans un magasin, où on le ranima. Un commandant retraité, qui avait assisté à cette
scène, nous dit : « Quelle différence avec la
noblesse et la courtoisie des Russes en Crimée !
Pendant les armistices, ils venaient à nous, ils
nous tendaient la main ; on échangeait des
cigares : on causait avec abandon, sans ran-
cune. Puis quand le clairon annonçait la fin de
la suspension d'armes, on se séparait en sou-
riant et l'on disait : « A tout à l'heure ! »

Huit jours après, le capitaine se fit porter à
la gare et hisser dans le train.

La commune prit fin dans les derniers jours
de mai. Les troupes de Versailles pénétrèrent
dans Paris, et alors commença une bataille de
rues, acharnée, féroce. La victoire resta à l'armée régulière, mais à quel prix ?

M. Félix Maréchal mourut, miné par
le chagrin. Il fut remplacé par M. Bezouron,
qui administre notre ville avec un courage et
un dévouement invincibles. Si tu vas au cimetière Chambière, tu y admireras un monument

qui a été érigé à la mémoire des officiers et soldats morts dans les ambulances.

Il a été inauguré le 7 Septembre 1871 par le nouveau maire, qui, au milieu d'une foule émue et recueillie, a prononcé un discours aussi remarquable par le patriotisme que par l'éloquence. Chaque année, les Messins ne manquent pas de faire un pélérinage à cette tombe qui est ornée de couronnes et de fleurs par les mains des dames. Elles entretiennent avec piété les humbles sépultures qui l'environnent.

Ce monument, des croix de bois noir et le drapeau tricolore qui tourne encore au haut de la flèche de la cathédrale, voilà les seuls souvenirs qui nous restent de la douce France.

XXIII

Le lugubre récit était terminé. Revel était
resté muet. Tout à coup il prit le parole.

— Et maintenant, que sera l'avenir ?

— Je l'ignore. En tout cas nous n'avons
perdu jusqu'ici ni la foi ni l'espérance. Mais, à
mon avis, il est urgent de se hâter. Nos vainqueurs ne perdent pas leur temps. Ils cherchent
à rendre inexpugnable le pays qu'ils ont conquis.
Ils ont couvert d'ouvrages la côte Saint-Quentin ; ils ont achevé les forts de l'est ; ils vont
construire, peu à peu, ceux qui avaient été pro-
jetés, et dont notre Génie avait, avec beaucoup
de sagacité, déterminé l'emplacement. Profitant
de l'expérience acquise, plus que jamais ils aug-
mentent et perfectionnent leur armée ; ils mo-
difient leurs fusils et leurs canons. Remarque,
en outre, que leur population, s'accroissant

chaque année de 500.000 âmes environ, sera, dans 50 ans, presque le double de la nôtre. Or, si le nombre des combattants est proportionnel à celui des habitants, quelle armée formidable peut se préparer ? Il me semble qu'en dix ans il est possible de faire bien des choses. La France est, dit-on, vibrante de patriotisme ; elle n'accepte pas sa déchéance ; elle est riche : elle ne marchande aucun sacrifice. Déjà elle a commencé à s'entourer d'une ceinture de camps retranchés ; une nouvelle artillerie se crée ; on cherche, on a peut-être trouvé, un fusil pour remplacer le chassepot ; nos soldats reçoivent une instruction militaire excellente, et nos officiers travaillent avec ardeur. Il y a un élan général dont il faut savoir profiter, surtout pendant que nos jeunes troupes renferment encore dans leur sein une partie des anciens de 1870, qui les rassurent et les échauffent.

— Et les Lorrains annexés ?

De ce côté, tu peux être tranquille. Ils sont restés fermement français : on ne compte point encore de défaillances. Non pas qu'ils soient démonstratifs : tu connais le caractère froid, l'esprit sensé et pratique de nos compatriotes, qui ont horreur des manifestations bruyantes et

vaines, des intempérances puériles de langage.
Ils ne déclament pas : ils agissent. Chaque fois
que l'occasion s'en présente, ils votent bien,
même nos campagnards, qui cependant, en contact direct et quotidien avec les agents allemands, devraient, semble-t-il, être plus craintifs
et plus faciles à germaniser. Tu verras des paysans qui, en apparence, vivent en bons termes
avec les gendarmes, les gardes-champêtres, les
employés des contributions, parce qu'ils y sont
contraints ; mais, ne t'y trompe pas, ils dissi-
mulent et ils ne manquent jamais d'élire des
candidats de la protestation.

— Bien ! mais peut-on espérer que ces sentiments ne s'altèreront jamais ?

— Ah ! je n'en réponds pas ; et, dans ce cas,
il ne faudrait accuser que l'inertie et l'indiffé-
rence de là-bas. Il est à craindre que, en recu-
lant sans cesse le choc fatal, on ne lasse et on
n'irrite les plus fervents patriotes, déjà aigris.
En second lieu, nos rangs s'éclaircissent chaque année. Profitant du droit d'option, que de
Lorrains ont déjà déserté ! Combien déserteront
encore ! Et puis, de nouvelles générations,
celles qui naîtront au milieu des Prussiens,
celles qui n'auront plus de vieux parents pour

leur léguer l'héritage vivace et fécond du souvenir, celles-là suivront nécessairement l'exemple des annexés de 1815, des annexés de toutes les époques et de tous les pays. Dieu sait si les gens de Sarrelouis avait conservé un fond de sentiment français ! Plus d'un, qui n'était pas fixé au sol, émigrait et revenait à sa patrie de prédilection. Ainsi, tu te rappelles qu'en 1858 Léonard arriva de ce pays et entra en quatrième avec nous : sa mère l'amena au lycée de Metz, pour obéir aux dernières volontés de son mari, fils d'un ancien chirurgien de Napoléon Ier. Un autre, Gaste, vint dans des conditions analogues. Mais ce sont là des exceptions. En 1869, j'allai dans cette joli petite ville. Je descendis chez une famille qui habitait sur la place, tout près de la commandantur. J'étais heureux d'entendre tous mes hôtes se servir habituellement de notre langue entre eux. Monsieur Rollin me promena par toutes les rues, sur les remparts. Tout en causant, il ne me dissimula pas que la raideur prussienne lui déplaisait. Il me montra avec fierté une maison dont la porte était surmontée d'une plaque en marbre noir, où je lus ces mots gravés en lettres d'or : Ici est né le maréchal Ney. Et pourtant, sa fille était mariée

à un officier prussien ; son fils aîné était con-
trôleur prussien ; son plus jeune fils faisait
son volontariat dans un régiment prussien, à
Trèves. Voilà les résultats tristes mais inévita-
bles, d'une annexion prolongée. Quoi qu'en
disent les beaux parleurs et les énergumènes, il
serait puéril de nier une fusion plus ou moins
éloignée, si l'on se résignait au fait accompli.

— Tes réflexions sont d'une justesse déso-
lante.

— Tu es sans doute curieux de savoir si
l'infamie de Bazaine est restée impunie. On
n'a donné qu'une demi-satisfaction aux Messins
livrés, à la France trahie, à l'armée impatiente
d'un jugement et d'un arrêt qui devaient la ven-
ger et la réhabiliter. L'an dernier, c'est-à-dire
en 1873, il a comparu devant le conseil de guerre
siégeant au Trianon, sous la présidence du duc
d'Aumale. L'acte d'accusation, rédigé avec im-
partialité par le général Rivière, fut accablant.
Le greffier qui le lut, vieux serviteur, en arrivant aux dernières pages, sanglota et ne put
continuer. On remarqua que les témoins en
paraissant à la barre, s'inclinaient presque
tous devant le prévenu.

L'un d'eux, **M.** de Villemoisy, ne le regarda même pas. Le cynisme de Bazaine, son inconscience révoltèrent les juges. Il eut même l'indignité de solliciter de Frédéric-Charles un certificat attestant qu'il n'avait pas eu de rapports secrets avec l'état-major général ennemi. Malgré le talent de ses avocats, il fut condamné à la peine de mort avec dégradation militaire. Mais le Conseil demanda immédiatement que la sentence ne fût pas exécutée. Le maréchal de Mac-Mahon, alors Président de la République, commua la peine en vingt années de détention. Je ne te dirai pas les réflexions que fit naître cette indulgence. Interné à l'île Sainte-Marguerite, il s'échappa, grâce à de puissantes complicités, a-t-on prétendu, et il se retira en Espagne, où il mourut dans l'abandon, la misère et le mépris.

XXIV

— Il est bientôt midi, reprit Jourdan. Veux-tu passer dans ma chambre.

— Volontiers. Quand j'aurai fait ma toilette, tu me présenteras à ta femme.

— Antoinette est, pour le moment, chez sa tante de Mondelange ; mais elle sera de retour après-demain. Du moins, tu déjeuneras avec ma mère, qui te reverra avec joie.

— Ce sera pour moi un grand bonheur. Je n'ai jamais oublié avec quelle bonté elle me recevait le jeudi. Elle me témoignait une affection si maternelle, une sympathie si tendre : Elle pressentait que je serais bientôt orphelin.

Quand Revel aperçut Mme Jourdan, il l'embrassa avec effusion. De son côté, elle ne put retenir ses larmes en observant sa figure ravagée par le désespoir. Elle l'interrogea avec une com-

passion pleine de tact. Il dit tout brièvement :
son entreprise, son voyage, sa captivité, ses
souffrances, sa fuite, son arrivée à Metz, son
immense douleur. Mais déjà il était maître de
lui : il était redevenu l'homme impassible et
stoïque d'autrefois. Il s'exprimait avec mesure
et précision ; il causait froidement, presque sè-
chement, sans émotion apparente. Ses hôtes,
avec une parfaite discrétion, imitèrent sa réserve, de peur d'ébranler sa fermeté et de pro-
voquer peut-être une explosion.

On se leva de table.

— Je te demande pardon de te quitter, dit
Jourdan, il faut que je fasse une visite dans
mes ateliers.

— Et moi, pendant ce temps, j'irai au cimetière, et de là en Chambière.

— Fort bien. A ce soir donc !

A sept heures, ils étaient de nouveau réunis
tous trois. Jourdan et sa mère ne firent aucune
allusion aux deux visites pieuses de Revel : ils
affectèrent de l'entretenir de sujets indifférents.
Puis Jourdan l'accompagna dans sa chambre
à coucher : il s'assura que tout était bien en
ordre, et il le laissa en lui serrant la main et
en l'invitant à se reposer.

Le malheureux se promena pendant presque toute la nuit ; de temps en temps, il laissait échapper un soupir, une plainte étouffée ; enfin, vers quatre heures, il se coucha et s'endormit.

Il ouvrit les yeux vers sept heures, fit ses apprêts, et, sa valise à la main, parut devant ses amis, qui poussèrent un cri de surprise.

— J'ai fait bien des réflexions, leur dit Revel. Mon parti est pris. Il me serait impossible, je le sens, de prolonger mon séjour à Metz. Je vous demande pardon de mon ingratitude. Mais j'étouffe. Je suis donc résolu à partir à l'instant même. Je reviendrai plus tard, quand j'en aurai la force — si jamais j'en ai la force. Embrassons-nous. Adieu. Ne m'accompagnez pas. »

A peine arrivé à Paris, Revel rédigea avec soin un mémoire. Puis il sollicita une audience du ministre, lui apprit les motifs de sa longue absence et lui offrit son travail.

Huit jours après, Revel était décoré et nommé professeur au Lycée Louis-le-Grand ; mais il ne connut pas les distinctions dont on l'avait honoré. On apprit avec stupeur qu'il avait pris passage à bord d'un bateau qui partait pour l'Extrême-Orient.

Jamais on ne le revit, jamais on n'entendit parler de lui.

ERRATA

Page 168, ligne 6, au lieu de *voir* : lire *croire*.

Page 172, ligne 11, au lieu de *leurs* : lire *ses*.

Page 175, ligne 1, au lieu de *devant* : lire *derrière*.

Page 177, ligne 12 : lire *bagages. Comment ne pas parler du commandant...*

Page 177, ligne 17, au lieu de *Teyssar* : lire *Teyssier*.

Page 178, ligne 26, au lieu de *Xehm* : lire *Rehm*.

BELFORT. — IMPRIMERIE NOUVELLE

www.ingramcontent.com/pod-product-compliance
Ingram Content Group UK Ltd.
Pitfield, Milton Keynes, MK11 3LW, UK
UKHW021520090726
13657UKWH00001B/365